老いた親の様子に「アレ?」と思ったら

工藤広伸
遠距離介護歴12年の実践者

PHP

これから３つの質問をします。
あてはまるものはありますか？

問1

最近、親が歳をとったなぁと感じる。
でも、まだ元気そうだから大丈夫。

問2

親と何気ない会話はできるが、
まじめな話はしづらい。

問3

親の介護をしなくてすむなら、
とてもラッキーだと思う。

1つでもあてはまったら、
これはあなたのための本です。

はじめに

世の中の介護の本の多くは、次の定番の一文ではじまります。

「親の介護は突然やってくる」

そこから、親の介護がはじまった「あと」になにをするべきか、どんな制度やサービスを使えばいいかについて具体的な説明が書いてあります。

これまで、わたし自身も、そういった本を何冊も書いてきました。

ですが、この本は、ちょっと違います。**親の介護がはじまる「前」**の話です。老いた親になにかが起こる「前」に知っておきたいことをまとめています。

だれもが「親は老いていく」と頭ではわかっているのに、いざその姿を目(ま)のあたりにすると、さみしさや不安がこみあげてきて、できることなら親の介護から逃げたいという複雑な気持ちもわいてきます。

また、老いた親の様子に「アレ？」と思っても、思うだけで具体的に行動することなく、日々の仕事に追われて月日が流れ、そのまま忘れてしまうのです。

そして、**ある日突然、親が倒れたり、認知症とわかったりしてからあわてふためいて、「『アレ？』と思ったあのときに準備しておけばよかった……」と後悔する**のです。

わたし自身、離れて暮らす一人暮らしの父が脳梗塞（のうこうそく）で倒れたとき、なにも準備していませんでした。そのとき、わたしは34歳。まさに働き盛りの年代でしたが、後遺症で呂律（ろれつ）がまわらず、手の震えがとまらない父の姿にびっくりして、あわてて会社を辞めました。今、振り返ると、それは大きな間違いだったと思います。

また、重度の認知症で意思疎通がすでに難しくなっていた祖母の介護では、孫のわたしが中心になって、命にかかわる代理判断をせざるをえない状況になり、「もっと元気なうちに祖母と話しておけばよかった……」と、亡くなって11年以上経った今でも後悔しています。

「これまで経験した後悔を、母では繰り返さない」

そう決意して、岩手県に住む認知症の母の在宅介護を、東京から「通い」で12年以上続けています。
また、これから介護がはじまる人や現在進行形で介護している人には、「わたしと同じ後悔をしてほしくない！」という強い思いから、11年以上にわたって介護についての発信を続けてきました。

本書を手にとってくださったのは、老いた親や介護について、きっと心のどこかで不安を抱えているからだと思います。
のちほどくわしくお話ししていきますが、親の老いを考えることは自分のためになります。また、**あなたの人生に必ず役立つと断言できます。**せっかくのこのチャンスを絶対にのがさないでください。

この本の目的は、次の3つです。

①老いた親についての「一歩目」の知識を具体的にお伝えすること
②今、抱えているモヤモヤした親への不安を解消すること
③親の介護を通じて、これからの自分の人生を豊かにすること

これらを、介護の専門用語を使わずに、どの入門書よりもわかりやすく基礎の基礎から丁寧に、そして、**きれいごとではなく現実的にお伝えしていきます。**

また、この本には、**介護の本に必ず出てくる介護保険や介護施設などの情報はあえて入れていません。**

というのも、老いた親のことや介護について自分事になっていないと、いくらくわしく説明しても頭に入ってこず、記憶にも残らないからです。

まずは、必要最低限の知識をざっくりつかむことからはじめて、介護を自分事として考えてもらう。制度のこまかいことは、本当に情報が必要になった未来の自分が調べればいい。それくらいの気軽さでお話ししていこうと思います。

また、この本は、**会話形式**で進んでいきます。

老いた親の様子に不安を抱える40代半ばのKさんの疑問に、わたしが「介護の先輩」として答えるかたちになっています。

Kさんは介護未経験者です。初心者ならではの純粋で鋭い質問を、どんどん投げかけてきます。わたしが「教科書的な」返答をしようものなら、「それは、あくまで理想ですよね？　現実的な方法を知りたいんです」と噛みついてきます（笑）。

介護について、ほとんどなにも知らないKさんに納得してもらえるように説明していたら、親の介護の本質にせまる内容になりました。Kさんをあなた自身と思って読み進めていただけると、より理解が深まると思います。

また、**現在進行形で親の介護で悩んでいる方には、今まで親と向き合ってきた時間は決して無駄ではなかった**と思っていただけるはずです。

それでは、さっそくはじめましょう。今、抱えている老いた親についての悩みがスーッと軽くなりますよ。

老いた親の様子に「アレ？」と思ったら

目次

第1章
自分のことをいちばんに考える

休めない

第4章

いくらかかる？介護のお金のリアル

第5章

情報を制する者が介護を制す

30kg 介護 30kg
住宅ローン
仕事
子ども

第8章
老いていく親は30年後の自分の姿

第9章

親と話をしやすい3つのタイミング

第1章

自分のことをいちばんに考える

老いた親が倒れる「前」にやっておくべきこと

長年、遠距離介護について発信されている工藤広伸さんに、いろいろと教えていただきます。わたし、介護とか老いた親のこととか、まったくなにもわかっていないど素人なのですが……、よろしくお願いします。

こちらこそ、よろしくお願いします。それにしてもKさん、どうして老いた親のことについて考えようと思ったんですか？

今、わたしは40代半ばで、両親は70代半ばです。両親は2人ともまだまだ元気で、介護が必要になったわけではありません。でも、この前、久しぶりに広島の実家に帰省したら「なんだか2人とも歳をとったなぁ……」と感じまして。

久しぶりだと、親の変化や老いがはっきりわかりますよね。

はい。しゃべるテンポや歩くスピードなんかも、前より遅くなった気がします。**「アレ?」と思うことが何度もあって……。**

ご両親の様子を見て、急に不安になったわけですね。

そうなんです。それに、会社のひと世代上の先輩が、認知症の疑いのある父親の様子を見るために、しょっちゅう九州の実家に帰っているんです。この前は、訪問販売で詐欺（さぎ）に引っかかりそうになったらしくて頭を抱えていまし

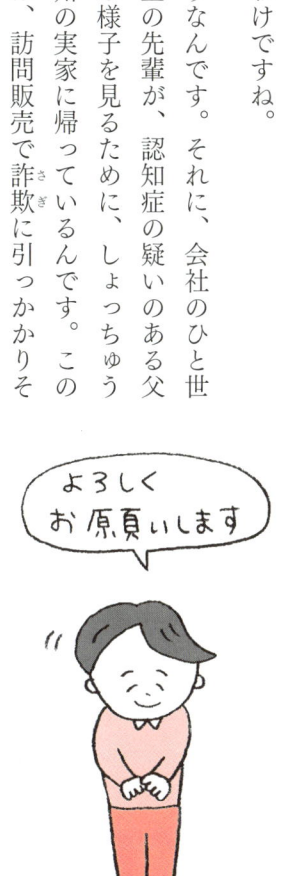

た。その先輩の愚痴を最近よく聞くので、余計に不安になってしまって……。

Kさんの勤めている会社に、老いた親について悩んでいる先輩がいるんですね。

はい。どうやら介護が必要になりそうとのことで、本当に大変みたいです。

わたしも岩手で暮らす認知症の母を東京から通いで在宅介護していますが、はじまりは本当に突然でした。まさか40歳から介護がはじまって、50歳をこえた今も続いているなんて、正直、自分でもびっくりしています。

となると、介護がはじまって……。

今、わたしは52歳なので、介護歴12年以上ですね。

12年！　しかも、40歳から！

そうですね。同世代と比べて、かなり早いスタートでした。

お母さんは岩手にいらっしゃるんですね。わたしも今、東京に住んでいるので、新幹線で広島の実家に帰るだけで半日かかります。「もし両親になにかあったら、どうしよう……。仕事は？　家族は？　介護にかかるお金は？」と不安になって、工藤さんに連絡させていただいたんです。

多くの人は老いた親のことなんて考えたくないし、できれば介護なんて自分の身にふりかかってほしくないと思っています。それで、親が倒れたり、認知症になったりしてから、あたふたするんです。**そうなる「前」に知っておくべきこと、やるべきことを、この本ではお伝えしていきますね。**

ありがとうございます。わたしをふくめ、**老いた親のことがなんとなく気になっていても、そのまま見て見ぬふりをしている人も多い**と思うんですよね……。そんな人の代表として、経験豊富な工藤さんに、いろいろ質問させていただきますね。

わたしでお役に立てるなら！　ちなみに、わたし「くどひろさん」って呼ばれることが多いので、そう呼んでもらってもいいですか？

わかりました！　くどひろさんですね。

親の介護と自分の家族、どっちを選ぶ？

ところで、Ｋさんは「親孝行（おやこうこう）したい」と思っていますか？

それは、まぁ……。ここまで育ててくれたことに感謝していますし、子どもが生まれてから親のありがたさがよくわかったので、いつかはしたいと思っています。

「いつかは」ってことは、今のところできていないってことですね。

そうですね……。目の前の仕事や子どものことで毎日いっぱいいっぱいで、なかなか親のことまで考える余裕がなくて……。

しかも、そこに親の老いの不安も出てきた。

そんな感じになっちゃってますね（汗）。

わたしも親と離れて暮らしているので、Ｋさんと同じような状況でした。もう１つ質問してもいいですか？　老いた親と、今いっしょに住んでいる自分の家族が同時に倒れたとして、どちらを優先しますか？

えっ！　そんな難しい質問しないでくださいよ……。

急にすみません。でも、今後、そんな究極の選択をしないといけない場面もあるかもしれないので聞きました。

うーん……。そのときになってみないとわかりませんが、自分の家族かな……。でも、親のことをあとまわしにすると、それはそれで後悔しそうです。

難しい選択ですよね。ちなみに、わたしは、自分の家族を優先して、親はその次と決めています。

でも、くどひろさんは12年以上も、お母さんの介護をしているんですよね？　わたしには、お母さんを優先しているように思えますが。

実は、岩手の母の遠距離介護と、東京の妻の入院が重なってしまったことがあったんです。どちらも同じように大切にできたらベストですが、自分の体は1つしかないので、そのときに妻を1位、母を2位と決めました。

たしかに、タイミングによっては、選ばないといけない場面もあるかも……。

実際、そのときは、岩手の実家と妻の病院をタイミングよく行き来できたのでよかったんですが、それからは、もしものときの優先順位を意識するようになりました。最後に、もう1つ、質問してもいいですか？　もしKさん自身が倒れたとしたら、老いた親と自分のどちらを優先しますか？

それは自分自身ですよ。倒れたら、親の面倒はみられませんし。

その気持ちを忘れないでくださいね。**老いた親のことを考えるのも、面倒をみるのも、すべて自分のため**ですから。

えっ、自分のため？　親のためではなく？

介護は親のためではなく、自分のためにやる

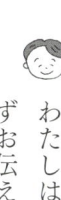

わたしは、全国で介護の講演会をやらせていただいているんですが、その最後に必ずお伝えしているメッセージがあるんです。それが、さっきKさんにちらっとお伝えした「**介護は親のためではなく、自分のためにやる**」という言葉です。

老いた親を心配したり、介護したりするのは、親のためだと思います。それが、なんで自分のためになるのか、よくわからないのですが……。

これから説明していきますね。わたしが12年以上、遠距離介護を続けられているのは、「自分のため」と考えているからなんです。**「親のため」と考えていたら、とっくに心が折れていた**と思います。

親の介護が「自分のため」……？

はい。そもそも、**わたしが親の介護にかかわることを決めたいちばんの理由も、自分が後悔したくなかったから**なんです。

自分が後悔したくない……ですか。

そうです。いつまでも気持ちを引きずる自分の性格からして、たとえ東京で仕事をがんばって成果をあげたとしても、「自分は親の面倒をみなかった」「介護から逃げた」となったら、死ぬまで後悔し続けると思ったんです。

なるほど……。

岩手にいる祖母が子宮頸がんで倒れて、同時に母の認知症が見つかったとき、2人を介護でき

るのは、東京にいるわたしか、地元の岩手にいる妹のどちらかでした。だいぶ前に家を出ていた父には頼れなかったので。

なかなかハードな状況ですね……。

それで、妹に「自分が親の面倒をみる」と宣言したんです。もちろん、妹にも手伝ってもらっていますが、**家族側の介護の窓口、いわゆる介護のキーパーソンは、ずっとわたしがやっています。**

えっ！　地元にいる妹さんではなく、東京のくどひろさんが⁉

はい。親のことを岩手にいる妹に丸投げしたら、一生後悔すると思ったので。

でも、それだけの理由で「自分が親の面倒をみる」と言えますか⁉　そのとき、くどひろさんには、自分の家族も仕事もあったわけですよね？　しかも、岩手と東京で超遠距離です。わたしなら、そんな思い切ったことはできないし、きょうだいが地元にいるなら任せたくなると思います……。

もちろん悩みましたが、実は、もう1つ理由があったんです。そっちは、すごくリアルな理由ですよ。

どんな理由ですか？

1日も早く、そのとき勤めていた会社を辞めたかったんです（笑）。祖母と母のことが同時に起こったとき、わたしは仕事でも大きな悩みを抱えていまして。

急に現実的な話になりましたね……。

はい（笑）。実は、そのとき転職して9カ月しか経っていなくて、しかも前職の上司の紹介で入社したので辞めづらかったんです。でも、介護が理由なら「まぁ、仕方ないか」と思ってもらえるかなと考えて……。

たしかに、それは辞めづらい（笑）。でも、退職後の生活のこととか、短期間で仕事を辞めたら転職が難しくなることとか、不安になりませんでした？　それに、パートナーである奥さまが賛成するとは、とても思えませんが……。

そうですよね。その話は、あとでじっくり、生々しくお話ししますね（笑）。

親の面倒をみても感謝されないときの対処法

くどひろさんの「介護は親のためではなく、自分のためにやる」という言葉が、まだいまいちしっくりきていません……。

わかりました。もう少し、お話ししますね。わたしは40歳で介護離職してフリーランスになって、そこから介護に関する情報発信を11年以上続けています。

はい。わたしも、それでくどひろさんを知って連絡させていただきました。

ありがとうございます。その発信を通して、これまでに全国の介護者のリアルな悩みをたくさん聞いてきたんですが、そのなかには「**いくら親の面倒をみても『ありがとう』のひと言もない**」っていう悩みが、とても多いんです。そうなると、親と

無駄にぶつかることになって、おたがいにどんどん疲弊していきます。

そりゃ腹も立つでしょうね……。一生懸命、親の面倒をみてあげているのに。

そんなときに**「親の介護は自分のため」と考えられたら、親も自分も、とてもラクになる**んです。Kさんは今、「面倒をみてあげている」と言いましたが、「自分のため」と思っていたら、そこは「みている」に変わっていくはずです。

あっ……。上から目線の発言になっていましたね……。

いえいえ。Kさんだけでなく、そう考えている人が、ほとんどだと思います。それに、「自分のため」と考えることは、親孝行になるんです。

えっ、どういうことですか？

総じて、親という存在は、子どもに「元気でいてほしい」「幸せになってほしい」と願っていると思うんです。決して「子どもが疲弊してヘトヘトになるまで自分の面倒をみてほしい」とか「子どもが経済的に困窮して、人生を犠牲にしてでも、自分の世話をしてほしい」などとは思っていないでしょう。

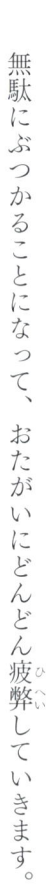

なかには、そうではない親もいるかもしれませんが、多くはそうでしょうね。

だから、**子どもとしては、自分の人生を大切にすることで、自然と親孝行できている**んです。老いた親の面倒をみていると、親孝行になるし、不思議と達成感もあるので、つい「親のため」と考えてしまいますが、**いちばん大切なのは自分自身**なんです。それを覚えておいてほしいと思います。

でも、「今まで親孝行できていなかったから、最後の恩返しに親の面倒をみたい」と考える人もいると思うんです。それって、すてきな親孝行じゃないですか？

もちろん、すてきですよ。わたしもメディアの取材を受けると、なぜか自分の幸せをあきらめて親の面倒を一生懸命みている人としてあつかわれたり、親思いの孝行息子として紹介されたりしがちです。

そういい話、よく目にする気がします。

でも、「親のため」と思って介護をしていると、早々に壁にぶちあたります。**そもそも自己犠牲的に親の面倒をみるのは間違っていて、自分の幸せをあきらめずに親**

の面倒をみるのが正解なんです。

親の介護って、どこか自分の幸せをあきらめるものだと思っていました……。

わたしは自分の幸せをまったくあきらめていないし、人生の主導権を親に渡していませんから！　**自分が死ぬときに後悔したくないなら、自分の幸せと親の介護は両立させないといけない**んです。

ち、力強いです、くどひろさん……！

「親の介護は自分のため」と思うようになってからは、やらされ感はなくなりました。今も、幸せをあきらめない介護を意識しています。

人生の主導権をにぎって「自分のため」と思えることって、なにごとにおいても大切ですよね。わたしは、雇用も給料も会社ににぎられている気がするな……。

会社員時代のわたしも、そうでしたよ。そこに老いた親のことが加わると、さらに時間の主導権まで奪われることになります。**自分を大切にできないと、親にも優しくなれない**んです。

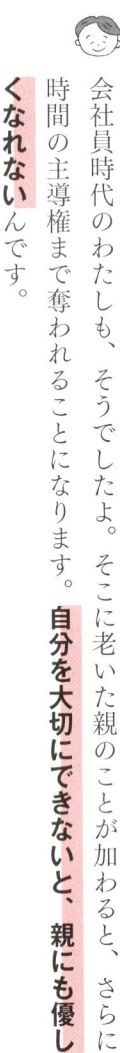

自分に余裕がないと、人のことなんて考えられないですもんね。正直、老いた親について考えるなんて、気分が暗くなるし、逃げたい気持ちもありましたが、「自分のため」なら考えてもいいかなと少し思えてきました。

それは、よかった！　**今の自分の仕事や今後の人生を真剣に考えるために、老いた親への不安を着火剤として、うまく利用してしまいましょう。**人って、お尻に火がつかないと、なかなか動かないので。

そうですね。わたしも、そう遠くない未来に、役職定年や定年退職のタイミングがやってきますしね。これからの自分の人生について考える、ちょうどいいタイミングなのかもしれません。

いいですね。その心意気でいきましょう。

まさか、老いた親のことを考える話が、まわりまわって「自分のため」になるとは思ってもいませんでした。

すべては自分のためなんです。

後悔しないための

老いた親の基礎知識①

介護は親のためではなく、自分のためにやる

第2章

親の老いを通して自分の人生を考える

「親の介護をしている」と、なぜ人に言えないのか？

さっきKさんに、40歳のときに介護離職したとお伝えしましたが、実はそれより前の34歳のときにも介護離職をしているんです。

えっ、2回もですか!?　しかも34歳……。かなり早いですね。

そのときは、父が脳梗塞で倒れたことがきっかけでした。当時、わたしは東京の会社に勤めていて、あわてて岩手の病院にかけつけたら、父の呂律がまったくまわっていなくてびっくりしました。

それはあせりますね……。そのとき、お父さんは60代ですか？

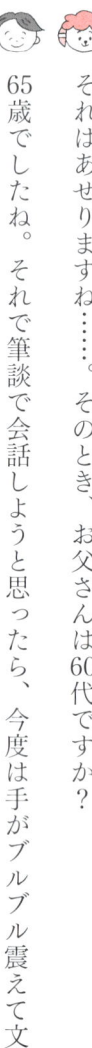

65歳でしたね。それで筆談で会話しようと思ったら、今度は手がブルブル震えて文

字がまったく書けなくて……。そんな父の姿を見たとき、「ああ、これからずっと父の面倒をみないといけない。自分の人生は終わった……」と思いましたね。

30代半ばですもんね……。

同僚にも、友達にも、親の介護をしている同世代はまわりにまったくいなくて、だれにも相談せずに会社を辞めました。

会社にはなんと言って辞めたんですか？

「やりたいことがある」って。実際は、なんのあてもない無職です。

最近は、だいぶ変わってきましたが、**介護のことって、まだまだ自分からは話しにくい雰囲気がありますもんね……。**

そうですね。会社に父のことを伝えて仕事を続けたとしても、人事評価が悪くなったり、職場に迷惑をかけたり、大きな仕事から外されたり、キャリアアップしていく同僚の姿を横目で見たりするのかな……と。そんなことを考えると、介護と仕事の両立なんて、はじめから無理だと思いましたね。

気力も体力も充実している30代で、それはきついですね……。そうそう、パートナーである奥さまは、仕事を辞めることに反対しなかったんですか？

そこは、なんとか……（汗）。事前に何度も、わたしが仕事を辞めても妻の生活に変わりはないと伝えていたからだと思います。生活費は、自分の貯金をとりくずして家に入れていました。再就職するまでは、冷や汗をかきっぱなしでしたね……。

それは、かなりのプレッシャーですね……。そういえば会社の先輩も、親の介護のことについて、わたし以外の同僚には、まったく話をしていないみたいです。

わたしは、そういう人のことを「**サイレントケアラー**」と呼んでいます。直訳すると「物言わぬ介護者」ですね。わたしの造語ですが、**世の中には、だれにも言わずに介護している人がたくさんいますよ。**

でも、たしか、介護の休みの制度や法律がありましたよね？　それを使えば、隠すことはないと思うんですけど……。

「育児・介護休業法」には、介護を理由に解雇したり、評価を下げたり、不利益な

配置転換をしたりしてはいけないとあります。少しずつ知られてきましたが「**自分だけでなんとかしよう**」と考える人が、いまだに多いんです。

働く人にとっては、自分の仕事を失うことにもなりかねませんからね……。そうなると、今後の人生や老後の計画もめちゃくちゃだ。

だからこそ、**特に働く人が、老いた親について早めに考えておくことは、自分を助けることにつながるので、とても大切なんです。**

家族が倒れたことで人生が好転した話

でも、老いた親のことって、実際に困ることが起きないと、なかなか現実味がないというか、行動に移せないというか……。命に直結する地震などの自然災害への備えでさえも面倒で、ついあとまわしになっているのが現状です。

そうですよね。でも、**老いた親の問題って、自分の人生に与えるインパクトは相当大きい**ですよ。場合によっては、引っ越しをしたり、仕事を変えたり、家族関係が悪くなったり……と、しんどい状況がじわじわ続くので、自分の人生をあきらめてしまう人もいます。

頭では、なんとなく理解できます。でも、「自分には、まだ関係ない」「ひょっとしたら逃げられるかも」と思ってしまうんですよね……。

わたしも父のときは、そうでした。父が脳梗塞で倒れたとき、正直なところ「逃げたい」と思いましたから。でも、父が倒れて、人生が「好転」したんです。

えっ!?　失礼ですが、転落ではなくて？

はい、好転です。わたしは5つの会社で働いた経験があるんですけど、いちばん長く勤めた会社でも、7年ちょっとでした。すぐに飽きちゃうタイプで(笑)。

転職を繰り返していると、あまりいい評価はされないですよね？

そうですね。34歳のときに1回目の介護離職をして、父が脳梗塞から回復する目途(めど)が立ったときに就職活動をはじめました。1年強のブランクがありましたが、なんとか正社員として就職できたんです。

おお、よかった！

そのタイミングから、真剣に貯金と副業を考えるようになりました。

正社員として就職できたのに、なんでその2つを真剣に？

父のことがあって、いずれ祖母や母にも同じようなことが起こる日が来るかもしれないと、かなりリアルに想像できたからです。すぐに準備しておかないと、大変なことになるな……と。**「いずれ」が明日になる可能性もあるわけです。**

たしかに……。それで副業はうまくいったんですか？

いえいえ、まったく。当時ブームになっていたブログを、いくつも立ち上げて失敗を繰り返しました。変な情報商材も買ったりして（笑）。それで反省して、会社員としてのキャリアアップを目指しました。

でも、2回目の介護離職が数年後の40歳のときにやってくるわけですよね？　今のところ、好転のきざしがまったく見えないのですが……。

40歳のときに祖母と母のダブル遠距離介護がはじまって、2回目の介護離職をしてフリーランスになりました。ですが、収入は副業でやっていたブログだけで、年収150万円くらいに。妻には言えませんでしたね……。

それは、あせりますね……。パートナーである奥さまが、2回目の介護離職も認め

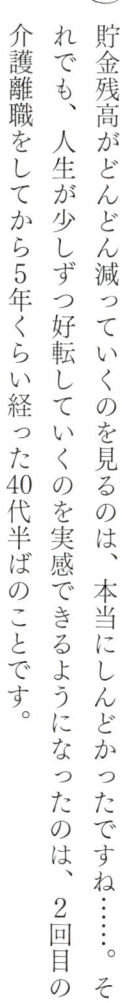

てくれたことがすごいです。

収入は激減しましたが、貯金をとりくずして、家にはちゃんとお金を入れていたので、まぁ、なんとか……（汗）。そんな苦しい時期にはじめたのが、今も続けているブログ「40歳からの遠距離介護」でした。当時、40代男性で遠距離介護の体験を発信している人がほとんどいなかったので、だれかのお役に立てるかもしれないと思って立ち上げました。それまで何度も失敗したブログの経験を糧にして。

それが大成功して、人生が好転したんですね！

いいえ。ブログは大して読まれず、生活は苦しいままでした。

なかなかうまくいかないところが、生々しい……。

貯金残高がどんどん減っていくのを見るのは、本当にしんどかったですね……。それでも、人生が少しずつ好転していくのを実感できるようになったのは、２回目の介護離職をしてから5年くらい経った40代半ばのことです。

なにがあったんですか？

商業出版で本を出したんです。でも、それも自分の企画を出版社に売り込んでくれるエージェントを見つけて応募したくらいで、とにかく必死でした。

本を出せて人生が劇的に変わったわけですね！

いえいえ。本を1冊出したくらいでは、なかなか……。そこから次の本、さらに次の本へとつながっていき、さらに講演の依頼をいただけるようになって、ようやくその収入で家賃を払えるようになって、ギリギリ生活できるレベルになりました。

一気に好転するわけではないんですね……。

そうですね。今も経済的に成功したとはいえません。ただ、**人生の主導権をにぎることができて、自分の時間を自由に使えるようになった**んです。「人生の時間割」を自分でつくれるようになったというんでしょうか。わたしにとって、それがとても大きなことで、そこでようやく人生が好転したと思えるようになりました。

30代半ばから10年以上も自分の仕事や人生について模索して、もがき続けたってことですか？

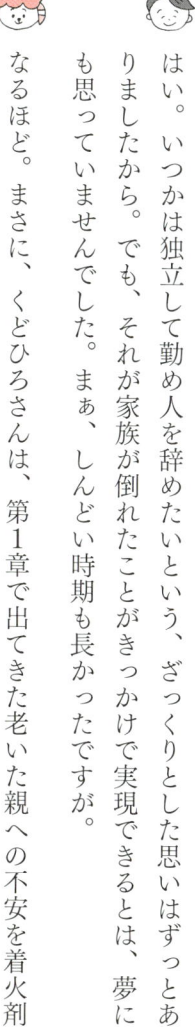

そうですね。「考えざるをえない状況に追いこまれた」と言ったほうが正しいかもしれません。まさか2回も介護離職するとは思いもしなかったし、もともと文章を書く仕事をしていたわけでもありません。いろいろな偶然が積み重なって、今につながっている感じですね。

くどひろさんは、今の状況に満足しているんですよね？

はい。いつかは独立して勤め人を辞めたいという、ざっくりとした思いはずっとありましたから。でも、それが家族が倒れたことがきっかけで実現できるとは、夢にも思っていませんでした。まぁ、しんどい時期も長かったですが。

なるほど。まさに、くどひろさんは、第1章で出てきた老いた親への不安を着火剤として使って、新しい仕事や人生を開拓していったわけですね。

開拓なんてかっこよく言ってくださってうれしいですが、現実は本当に泥臭くもがきましたね。

老いた親の問題の衝撃は自然災害以上!?

わたしのように、**老いた親に関連して予期せぬことが起こって、自分が変わらざるをえない状況に追いこまれる事態は、Kさんにも突然起こる可能性があります。**

たしかに、今、両親は元気ですが、今後はわかりませんもんね……。

そうですね。ここであらためて、老いた親の問題が人生に与えるインパクトについて考えてみましょう。イメージしやすいように、**①自然災害、②部署異動、③老いた親の問題の3つを比較**してみますね。

わかりました。

この3つの出来事のインパクトを、それぞれ「距離」と「深さ」であらわしてみて

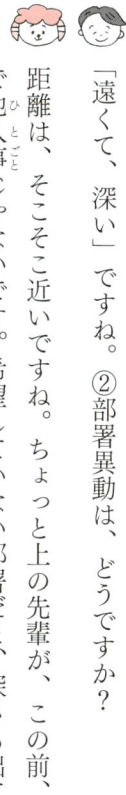

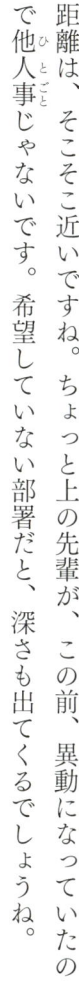

ください。「距離」というのは、自分との関係性が近いかどうかです。「深さ」というのは、その出来事の深刻さの度合いです。

そうですね……、①自然災害は、いつかは起こる可能性が高いと思いますが、今はリアルには想像しにくいです。距離としては遠い気がします。でも、現実に起こったとしたら、かなり深刻だとは思います。

「遠くて、深い」ですね。②部署異動は、どうですか？

距離は、そこそこ近いですね。ちょっと上の先輩が、この前、異動になっていたので他人事（ひとごと）じゃないです。希望していない部署だと、深さも出てくるでしょうね。

「そこそこ近くて、そこそこ深い」ですね。最後の③老いた親の問題は？

うーん……。さっきは「実際に困ることが起きないと、なかなか現実味がない」なんて言いましたが、くどひろさんのお話を聞くと、いつかは確実に直面することになるとわかってきたので、距離はめちゃくちゃ近いですよね……。

深さはどうですか？

かなり深いような気がします。わたしには弟がいるんですが、わたしも弟も実家から遠くに住んでいて、それぞれの家族もあるので、くどひろさんみたいに突然親になにかが起こると、大混乱になると思います。

老いた親の問題は、「かなり近くて、かなり深い」問題で、わたしたちの人生に大きなインパクトを与えると考えておいたほうがいいんです。

自分の認識の甘さを痛感しています……。

今、そのことに気づけたＫさんはチャンスですよ。危機感を持てると、これからの自分の仕事や人生について本気で考えるきっかけになりますから。

老いた親のことって１００パーセントネガティブなことだと思っていましたが、くどひろさんのお話を聞いて、そうでもないのかもしれないと、ちょっとだけ考えはじめている自分がいます。

うれしいですね！　親の老いについて考えることは、Ｋさんのこれからの人生に必ず役立つと、わたしは確信しています。**先送りしても、いずれ向き合わないといけ**

ないタイミングは必ずやってきますから、それなら少しポジティブに、そして、ご両親が元気なうちに考えられたらベストですね。

老いた親への不安を着火剤として利用する、あの話ですね。

そうです。これから、特にKさんのように現役で働いている人が、老いた親について考えることで、どんなメリットがあるのか、どんなことをまずやるべきなのかをお伝えしていきますね。

よろしくお願いします！

後悔しないための

老いた親の基礎知識②

親の老いに対する危機感は自分の人生を考えるチャンス

第3章

知らないと後悔する介護の休みの基本

介護の専門書が必ず役に立つわけではない理由

ところで、Kさん、なんでわたしに相談しようと思ったんですか？　老いや介護についての専門家や研究者は、世の中にたくさんいますが。

そうですね……。くどひろさんは、実際に親の介護を実践されているからです。専門家の方のアドバイスや意見も、もちろん大切ですが、**老いた親のことって、きれいごとだけじゃないし、後悔や失敗もたくさんあるんじゃないかと思って。**そういう当事者ならではの生の声を聞きたかったんです。

なるほど。たしかに、講演会などでも「実際に親の介護をしている当事者の話が聞きたかった」と必ず言われます。最近は**介護についてネットで検索しても、介護当事者の話が上位になかなか表示されないので、生の声を求めている人が多い**のかも

しれませんね。ちなみに、わたしは自分のことを「**第3の男**」と呼んでいます。

なんですか、それは？

自治体などが主催の介護の講演会って、まずはお医者さん、次に介護の専門職の方が呼ばれることが多いんです。そのあとに、わたしのような存在、つまり実際に親の介護をしている人に声がかかります。①医師→②専門家→③介護経験者の順で3番目に声がかかるので「第3の男」です。

なるほど。買い物をするときと同じかもしれませんね。メーカーが出している公式の情報も見るけど、実際に商品を使った人の声とかレビューが知りたいのと似ている気がします。

そんな感じですね。たとえば、介護の専門書には、「認知症の人が妄想を話しはじめたとしても、否定してはいけません。なぜなら、認知症の人にとっては、それが事実だからです」と書いてあります。

そういう対応がふさわしいんですね。

たしかに、理想はそうなんです。わたしも介護経験がない最初のころは、専門書に書いてある通り、認知症の母の話を一切否定せずに聞いていました。でも、どうしてもうまくいかないし、母とぎくしゃくしてしまうんです。

介護のプロのアドバイスなのに……。

それで、なんでだろうと考えてみると、理由がわかりました。そういった**介護の専門書には、だいたい「時間軸」が抜けている**んです。

時間軸……？

たとえば、母と話をしていると、亡くなった祖母がよく生き返ります。数回なら否定せずに聞けますが、これが1日に何十回も言われたら、どうでしょうか？ わたしのように介護が12年以上続いていても、我慢できるでしょうか？

そ、それは、無理だと思います……。

介護のプロの方でも、自分の家族の介護になると、うまくいかないことがよくあるみたいで、実際に相談を受けたこともあります。仕事での介護は、他人だから気持ちにひと区切りつけられる。でも、自分の家族は、なかなかそうはいきません。

知識と実践のあいだには、大きな隔たりがあるんですね……。

かなりありますね。わたしが「第3の男」として呼ばれるのは、**専門書の向こう側を知りたいというニーズがある**からだと思います。「実際にやってみて、どうか?」「どんな葛藤があるのか?」「仕事を辞めたときの不安は?」といった感じです。

まさに、わたしもそんな話を聞きたいと思っていました!

介護保険は初心者には難しすぎる

それでは、さっそくですが、くどひろさんが、わたしのような老いた親に不安を抱えていて、でもなにをしたらいいかわからない人に対して、「これだけは伝えたい！」ということがあれば聞きたいのですが、なにかありますか？

介護保険を学ぶことですね。わたしの父が脳梗塞で倒れたとき、ヘルパーさんに頼るとか、デイサービスを利用するとか、そういった介護のプロにお願いする発想がこれっぽっちもなかったんです。その後悔があって、介護がはじまる前に介護保険の知識があったほうがいいと、これまでの自分の本には書いてきました。

介護保険ですか……。でも、くどひろさん、いきなり介護保険と言われても、かなりハードルが高いと思うんです。そもそも、親の老いや介護がどういうものかさえ

わかっていない超初心者なので……。

たしかに……。いくら本や講演会で「親が倒れる前から介護保険の勉強をしてくださいね」とお伝えしても、なかなか響かないなとは感じていました。

なので、ここでは、くどひろさんの介護ど素人時代を振り返って、「これだけはやっておくといいよ！」という初歩の初歩の知恵を教えてほしいんです。**くどひろさんのかつての行動や後悔に、わたしたち超初心者が最初にやるべきヒントがある**と思うんです。

わかりました。介護保険を学ぶ前にやってほしいことですね。それじゃあ……、まずは、今、Kさんが**勤めている会社の就業規則に書いてある介護の休みについての項目だけを、ざっと流し読みしてみてください。**

就業規則……。なんでですか？

就業規則に、老いた親にもしものことが起こったときに取得できる、介護の休みや制度について書かれているからです。これが、会社に勤めていた介護ど素人時代のわたしが最初にやったことです。

就業規則なんて、ちゃんと読んだこと、これまでに一度もないですね……。会社のどこで見られるのかさえ、よくわかってないです。

まずは、就業規則を確認できる場所から調べることになりそうですね（笑）。就業規則に書かれている介護の休みについて調べて、明日、教えてくれますか？

わかりました。少しお時間をください。

翌日

Kさん、就業規則は見つけられましたか？

ありました！　ちょっと読んでみたのですが、難しくて……（汗）。今日、就業規則のコピーを持ってきたので、直接見ていただいてもいいですか？

いいですよ。……ふむふむ、なるほど。

これ、なんて書いてあるんですか？

簡単に説明すると**「介護休業は、介護する家族１人につき通算93日まで休めて、３回に分割して取得できる」「介護休暇は、介護する家族１人につき年に５日休めて、１時間単位から取得できる」**とあります。これは法律の規定通りの内容そのままで、そのことがしっかり書かれていますね。

なんだか読む気がなくなる文章ですよね。会社は休ませたくないんですか？

いえいえ（笑）。法律の内容をそのままのせているだけなので、ちょっと難しい表現になっているだけです。そういう会社も多いですよ。

こういうこまかいことを覚えなきゃいけないんですか……？

今のＫさんは、こまかい内容まで理解できなくても大丈夫です。**「就業規則のここを読み返せば、介護の休みについて、なにか書いてあったな」くらいのことを覚えておけばＯＫ**です。それで、親にもしものことが起こったときに、あらためてちゃんと、そこを読み返してみてください。

今は、それだけでいいんですか？

はい。親にもしものことが起こったときのKさんは必死になっているはずです。難しい文章でも一生懸命に理解しようとしますから、こまかいことは、そのときの自分に託すくらいの気軽さでいきましょう。**会社によっては、法律で定められた日数以上に休めることもある**ので、一度、人事に聞いてみるのもいいですね。

わかりました。でも、世の中には、介護の休みについて就業規則に書かれていない会社もあるんじゃないですか？

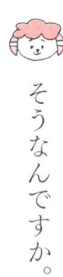

あるかもしれませんが、たとえ就業規則に書かれていなくても、法律で決まっているので、ちゃんと取得できます。安心してください。

そうなんですか。

ちなみに、この**「介護休業」は、自分で介護するための休みではないので注意してください。**

えっ！　それじゃあ、なんのための休みなんですか？

介護のプロと相談したり、役所の手続きをしたり、家族と話し合いをしたりしながら、介護と仕事を両立できる態勢を整えるための休みです。ここを勘違いしている人が多いんです。介護の休みについての最重要ポイントといえます。

自分で介護するにしては、休みが少ないような気がしたんです。完全に勘違いしていました……。

Kさんのような人が、ほとんどだと思いますよ。介護の休みがあることを知らない人もいるし、知っていたとしても、その休みの意味まで理解している人は、かなり少ないはずです。それで、老いた親が急に倒れるとパニックになって、なにも調べずに会社を辞めてしまうんです。かつてのわたしのように……。

知らないと、わたしもそうなるところでした……。くどひろさんのおかげで、親にもしものことがあっても、勢いで会社を辞めずにすみそうです。

親のことで困ったときの駆け込み寺

就業規則を読んで介護の休みについて調べてみたら、もう1つやってほしいことがあります。

なんでしょうか？

社内に介護の相談窓口があるかどうかを調べてください。社内にはなくて、外部の専門窓口と提携したり、福利厚生でカバーしたりしているケースもあります。

わかりました。今すぐパソコンで調べられるのでお待ちください。……あれ？ どちらも、うちの会社にはなさそうですね。

なるほど。Kさんの先輩が親のことをまわりに言っていない理由の1つに、ひょっ

としたら近くに窓口がなくて、相談できなかった可能性がありますね。

うちの会社みたいに、近くに相談窓口がない場合は、どうしたらいいですか？

その場合は、**「地域包括支援センター」**があります。

はじめて聞く名前です。

地域包括支援センターは、よく「包括」と省略されるので、ここでもそう呼ぶことにしますね。**包括は、地域で暮らす高齢者を支援する公的な無料相談窓口で、対象地域に住んでいる65歳以上の高齢者、またはその家族などが利用できて、専門職が配置されています。**

無料はありがたいですね。その包括っていうのは、どこにあるんですか？

小中学校の学区にだいたい1つは設置されているので、Kさんのご両親が住む地域にも必ずあるはずです。**包括では、高齢の親に関する不安や悩みについて、なんでも相談できます。本格的な介護がはじまる前のことでも大丈夫です。**たとえば「親が家に閉じこもってテレビばかり観（み）ている」とか「親の体力が低下してきたので、

健康教室を教えてほしい」といったことでも構いません。

へえ〜、そんなことでもいいんですか。

しかも、**直接窓口へ行ったり、自宅へ訪問してもらったりするだけでなく、電話での相談も受けつけている**ので、離れて暮らす家族も利用しやすいのがメリットです。そして、いよいよ「親の様子がおかしい」「認知症かも」という段階になったときも、まずは包括に相談するといいですよ。なにをすればいいのか、介護のプロが具体的にアドバイスしてくれます。「**老いた親のことで困ったら包括に相談**」と覚えておくだけでも安心感が違います。

近くに相談できる人がいなくても、そういった駆け込み寺的な場所があることを知っておくだけでも、気持ちが軽くなりますね。

そうですね。親の老いや介護についてまったく知識がないし、なにからはじめればいいのか見当もつかないという人は、**まずは親が住んでいる自治体のサイトや広報紙などで、包括の場所と連絡先を調べることからはじめてみましょう。**

あなたの職場は休みやすい？

くどひろさんのおかげで、介護の休みが法律で決まっていることや、介護についての相談窓口がいろいろあることを学べました。これらのことを知っていたら、もう安心ですね。

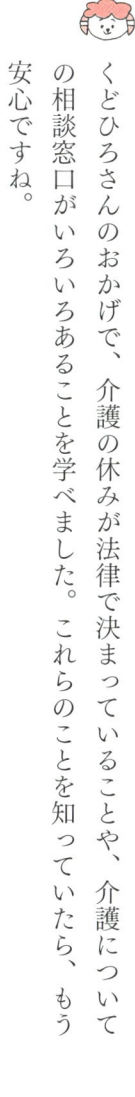

いいえ、むしろここからが本番です。**休みや制度について、知識として知っているのと、実際に使えるかどうかは、また違いますから。**たとえば、Ｋさんの会社の先輩は、介護の休みの制度を使っていますか？

平日に休んでいる感じはないので、おそらく使っていないはずです。

なるほど。まずは、さっきＫさんが知った介護の休みのことを、その先輩に教えてあげてください。

わかりました。

でも、先輩から、こう言われる可能性があります。「介護の休みがあるのは知っているけど、あえて使っていない」と。

えっ、どういうことですか？　法律で休みが決まっているのに。

介護の休みに限った話ではありませんが、**たとえ法律で決まっていても、その権利が使えるかどうかは、結局、職場環境に大きく左右されます。**

職場環境ですか？

はい。たとえば、Ｋさんは有給休暇をちゃんと全部取得できていますか？

い、いえ……。年５日の取得義務以外は、ほとんど使うことなく、毎年捨てていますね……。

取得する権利はあるけど、それを使えるかどうかは、また別の話ですよね。

そうですね……。会社や上司からは「休め、休め」と言われますが、仕事量は変わらないので、なかなか休めないですね。

介護の休みも、それと同じです。**休む権利はあっても、それを使える環境が整っていないと、なかなか休めない**んです。Kさんの先輩は、今の職場では休みがとりづらいと思っているから、サイレントケアラーになっているのかもしれません。

たしかに、そうかもしれません。社内でも、かなり忙しい部署なので……。そういう職場にいる先輩やわたしは、どうすればいいんですか？

理想を言えば、その先輩が「介護休業」や「介護休暇」を積極的に使って、介護と仕事の両立を実践するロールモデル社員になってくれたら最高です。同じ部署で１人で

も実践してくれて、それが社内報などで紹介されれば、勇気づけられる人、あとに続く人が、きっと出てくるはずです。

でも、それは、あくまで理想の話ですよね。会社の環境が変わるのを待てない人もたくさんいるはずです。理想ではなく、現実的な方法を知りたいです。

正直なところ、その先輩が**強い気持ちでいられるかどうかにかかっています。**

えっ、それが現実的なアドバイスですか!?

はい。介護の休みの権利を使えたとしても、今度は使った本人が耐えられなくなるんです。「ただでさえ忙しい部署なのに、1カ月も休んで、上司や同僚に迷惑をかけて申し訳ない」みたいな感じで。

たしかに、先輩やわたしみたいに、これまでに長期で休んだことがない人が急に休むとなると、休むこと自体に罪悪感を抱いてしまうかもしれませんね……。

それで、**介護離職したほうがましだと考えてしまう人もいる**んです。

権利はあっても、それを使えるかどうかは別って話、とてもリアルです……。

会社や部署のなかに、介護と仕事の両立をする社員が何人か出てきたら、職場の雰囲気は少しずつ変わっていくと思います。産休や育休が職場に浸透していったときも、そんな感じでしたよね？

たしかに、そうでしたね。最近は男性社員も育休をとりやすくなったし、職場の理解もかなり深まりました。でも、介護は、まだまだですね……。そういった社会的な背景も、介護の休みをとりづらい原因の1つかもしれませんね。

はい。**社会が大きく変わる過渡期には、意外かもしれませんが、取得する本人の強い気持ちがポイントになる**と、わたしは思っています。

先輩が気持ちよく休めるよう、明日、それとなく先輩に話をしてみます。

いいですね。まわりのサポートや理解は、とても大切ですからね。今回は介護の休みについてお伝えしましたが、次の章ではお金について見ていきましょう。またリアルで生々しい話が出てきますよ。

後悔しないための

老いた親の基礎知識③

老いた親のことで困ったら地域包括支援センターに相談

第4章

いくらかかる？介護のお金のリアル

親を介護施設に預けたら、すべて解決する？

今日は、お金についての話でしたよね？　そういえば、老いた親についてあれこれ悩む必要が一気になくなる、とてもいい案を思いついたんです！　親に介護施設に入ってもらえば、すべて解決しませんか？

なるほど。それじゃあ、わたしから3つ質問させてもらいますね。この3つの質問にすべて答えられたら、たぶん親の問題は解決すると思います。

3つ答えればいいんですね。どうぞ！

1つ目。ご両親は、介護施設に入りたいと言っていましたか？

えっ。そんな話は、これまで一度もしたことないですね……。

２つ目。ご両親は、介護施設に入るお金を準備していると言っていましたか？

親の財布事情は知らないです……。

最後です。介護施設の種類、知っていますか？

種類？　そもそも種類なんてあるんですか……。

Kさん、残念ですが、問題は解決しません！　ご両親とこうした話を一度もしたことがないのに、突然「施設に入ってほしい」と伝えて納得してもらえると思います？　介護施設に入ったとして、毎月どれくらいお金がかかるか知っています？

……。

ちょっと言いすぎましたね（笑）。Kさんのような介護がはじまる前の人は、「いざとなったら親に施設に入ってもらえばいい」と考えることが多いんですが、それではうまくいかないし、お金が足りなくなる可能性があります。**親の財布事情も知らないのに、介護施設に預ければ問題解決というのは、さすがに乱暴すぎ**って、わかってもらえました？

はい……。名案だと思ったんですけどね……。

第1章で「親の介護は自分のため」とお伝えしましたが、そう思えるためには、金銭面で余裕がないといけませんよね？　もう少し言うと、**介護費用を親自身に賄(まかな)ってもらうことが大切**ですよね？

そうなれば助かります。わが家は、これから子どもの進学があり、住宅ローンの返済もあるので、親の介護費用まで負担する余裕はとても……。

厚生労働省のデータでは、**約9割の人が介護費用は自分自身で賄っているので、親の収入や貯蓄でなんとかなっているケースが多い**ようです。もちろん、そうではないケースもあって、父の介護費用はわたしが立て替えました。

親のお金がないと、自分の生活がカツカツになりますね……。

介護施設に預けると月に○円かかる

でも、まだまだ元気な親と介護施設やお金の話はできないですよ。

今はできなくても大丈夫です。その代わりに、よく参考として使われる介護費用のデータと、くどひろ家の実例を比較しながら、具体的に親の介護にどれくらいのお金がかかるのかを、ざっくりつかんでおきましょう。

ありがたいです。

公益財団法人生命保険文化センターのデータによると、介護の平均期間は5年1カ月となっています。在宅介護にかかる金額の月平均は4・8万円、施設介護にかかる金額の月平均は12・2万円です。このデータを使って計算すると、生涯で介護費用がどれくらいかかることになりますか？

えーっと……少し待ってください。**在宅介護だと5年1カ月×4・8万円で約293万円、施設介護だと5年1カ月×12・2万円で約744万円**になりますね。

その通りです。**施設介護は、在宅介護の約2・5倍**になる計算です。施設は、やっぱりお金がかかりますね。

2・5倍ですか！　かなり違うんですね……。びっくりです。

もう1つの参考として、わが家の事例もご紹介します。うちの初期の在宅介護費用は、さっきのデータとほぼ同じ月5万円弱でしたが、今の費用は月10万円をこえています。母の認知症が進行して、介護のプロに頼る機会が増えたからですね。

平均の倍ですか！

正直、倍になるとは予想していませんでした。介護期間も平均の倍以上の13年目に突入して、今もまだ続いています。もしKさんがさっき言ったように、母を最初から介護施設に預けていたら、今ごろ家計は火の車です。

安易な思いつきで大変失礼しました……（汗）。

いいえ。母が施設を望んでいなかったこともあり、わたしは運よく在宅介護からはじめられて、それが今も続けられています。これだけ介護期間が長くなっても母の介護費用を1円も負担せずに、母のお金だけでなんとかなっているんです。

それは、すごいですね。ちなみに、お母さんのお金というのは？

母はパート勤めだけだったので、わずかな国民年金のみです。それだけでは厳しいので、父の遺族年金や亡くなった祖母の相続などを、わたしが手続きしました。それで母の介護費用を賄っています。もし最初から母を介護施設に預けていたら、今ごろは、わたしがかなりの費用を負担することになっていたはずです。

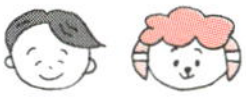

そうなっていたら、とんでもなく重い負担ですね……。

そうですね。今もありがたいことに介護費用の負担がまったくないので、「親の介護は自分のため」と思えています。この前、「時間軸」のお話をしましたが、**お金についても短期ではなく、長期で考える必要がある**んです。

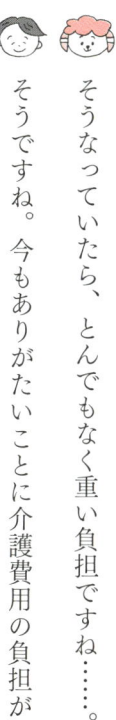

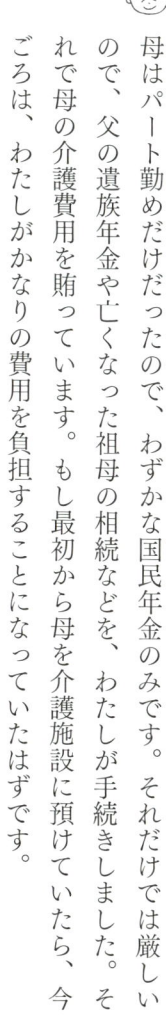

短期ならなんとか乗りこえられても、予期せず長期になると、親のお金が足りなくなって、それが自分の財布事情にも直結してくるわけですね。

そうなんです。**自分の生活を守るためには、親のお金だけで介護できる期間を長くする必要があります。**親の収入が増える期待はあまりできないので、いかに支出を減らして、自分の生活に影響が出ないようにするかがポイントです。場合によっては、親の介護費用を捻出（ねんしゅつ）するために、親が所有している不動産の売却などもふくめて考えることも必要になってきます。

ずいぶん現実的な話ですが、そういう経験があるんですか？

はい。父が倒れたとき、父はまったく現金を持っていませんでした。唯一の資産がマンションだったので、すぐに不動産屋に簡易査定をお願いして、いくらになるかを調べてもらいました。そこから、父の介護費用を何年賄えるかを計算したうえで、当面はわたしが立て替えると決めたんです。**親のためにやるべきことはたくさんありますが、同時に自分の生活を守るための行動をする。結果として、それは親孝行になるし、自分のためにもなるわけです。**

親の財布事情は自分のメンタルに直結する

ただ、その一方で、「節約、節約！」ばかりになるのもどうなのかな、と思うところもあるんです。

といいますと？

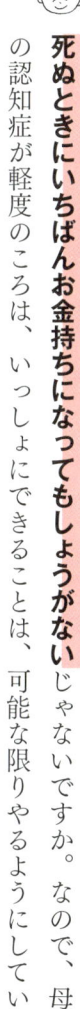

死ぬときにいちばんお金持ちになってもしょうがないじゃないですか。なので、母の認知症が軽度のころは、いっしょにできることは、可能な限りやるようにしていました。たとえば、北海道へ日帰り旅行に行ったり、外食に行ったり。

老いていく親に対して、どんなふうにお金を使って親孝行していくかって、難しいですよね。

本当に難しいですね。

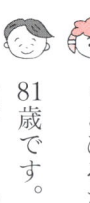

くどひろさんは、この先の介護のお金の見通しを、どう考えていますか？

介護期間の目安にしているのは、死亡年齢最頻値ですね。男性は88歳、女性は93歳です。その名の通り、死亡する人が最も多い年齢です。

（ネットで調べながら）平均寿命は、男性が約81歳、女性が約87歳なので、それよりもずいぶん上ですね。

平均寿命は、若くして亡くなる人もふくまれるので低くなります。

くどひろさんのお母さんは、今、おいくつなんですか？

81歳です。さっきの死亡年齢最頻値を参考にすると、あと12年も母を介護する可能性があるわけです。認知症もかなり進行しているので、介護施設の選択肢も常に頭のなかにありますが、行けるところまで在宅介護で粘（ねば）ろうと思っています。

デリケートなお話をくわしく教えてくださって、ありがとうございます。くどひろさんに具体的な数字で提示されるとイメージがわいてきました。

お金が減ってくると、そのことしか考えられなくなって、どんどん気持ちに余裕がなくなっていきます。そうなってしまうと、親の最期の希望を叶えてあげられなかったり、仕事の内容をちゃんと確認せずに給料だけで転職先を決めてしまったりするなど、正常な判断が難しくなります。なので、できることなら、**自分を守るためにも、親の財布事情を早めに把握しておきたいですね。**

親のお金の余裕は、自分の心の余裕に直結するわけですね……。今はまだ親に話す勇気は出ませんが、いつかは話してみようかなと思いました。

うれしいですね。どこかで必ず、自分の財布と親の財布をいっしょに考えないといけないタイミングがやってきます。**老いた親の財布事情を知ることは、そのまま自分の老後のお金を考えることにもなります。**なかなかハードルは高いかもしれませんが、一度、親と話してみると自分がラクになりますよ。

後悔しないための

老いた親の基礎知識④

親の財布事情を早めに把握しておく

第5章

情報を制する者が介護を制す

老いた親の介護についての情報収集
戦術① ざっくりとつかむ

Kさん、「**介護は情報戦**」という言葉を聞いたことがありますか？

い、いえ……。はじめて聞きました。

介護の世界でよく使われる言葉なんですが、老いた親のことって、本当に情報収集が大切なんです。それがすべてといっても過言ではありません。新聞やネット記事、市区町村の広報、包括など、本当にいろいろなところからたくさんの介護に関する情報が発信されています。

たしかに、未知の世界なので、まずは情報をつかむことが大切ですよね。でも、くどひろさん、正直、親の介護がはじまらないと、情報収集なんてあまりしないと思うんです。たくさんの情報が飛びかっていたとしても、興味がないと自分のアンテナには引っかからずに、そのままスルーしてしまうような……。

たしかに、その通りですね。そこで、Kさんのような**介護がまだはじまっていない人に最初にやってもらいたいのは、介護の情報をくわしく調べることではなく、情報を集めるときの基本姿勢を身につけること**です。

基本姿勢ですか？

はい。今後、本格的に介護の情報を集めていく前の準備運動みたいなものです。介護の情報戦を制するには、本当はとにかくたくさんの情報を集めたほうがいいのですが、**実はもっと前の段階で勝負は決まってしまう**んです。介護の情報戦を制する、**3つの簡単な戦術**をお伝えしますね。

お願いします。

それでは、さっそく1つ目の戦術は「**ざっくりとつかむ**」です。こまかいことは実際に情報が必要になったときの未来の自分がくわしく調べればいいので、まずは必要な情報を大まかにおさえておきましょう。

情報をざっくりつかむというのは？

たとえば、第3章で介護の休みが法律で決まっているとお話ししましたよね。これは介護の超基本の情報ですが、そのことを知らない人もいるんです。知っている人は介護と仕事の両立を考えられますが、知らない人は、即、介護離職につながってしまう可能性があります。

たしかに。休みの存在さえ知っていれば、こまかいことは覚えていなくても「そういえば休みがあったような……」と思い出して調べられますもんね。

そうなんです。包括についても、知っていれば「公的な無料の相談窓口だから連絡してみよう」となりますが、知らないと、極端なケースを言えば、介護保険を使わずに10割自己負担でヘルパーさんを雇って介護する人もいます。本当は1割から3割ですむのに……。

それは、とんでもなく大きな差ですね……。

はい。なので、「介護の休みがある」「公的な無料の相談窓口がある」みたいな感じで、ざっくりと情報をつかんでおけばOKです。たとえ「包括」という言葉を忘れたとしても、「相談窓口がある」ということを覚えておけばいいんです。**あとは老いた親になにかあったときに、そのフックを手がかりにして、未来の自分がなんとかしてくれますから。**

未来の自分を信じて、本当に大丈夫かな（笑）。

情報が本当に必要になったら、真剣に調べるから大丈夫ですよ。**この本で、あえて介護の制度や法律のこまかい情報を説明していないのは、そのためです。自分事になっていないときにくわしく説明しても、どうせ忘れるので（笑）。**

たしかに（笑）。

この本では、わたしが「これだけは！」と考える、老いた親についての本質的な情報をギュギュッと凝縮してお伝えしています。Kさんみたいに**介護についてなにも知らない人は、まずはここに書かれていることからはじめてみてください。**

戦術② だれに頼るかを考える
老いた親の介護についての情報収集

2つ目の戦術は、「**だれに頼るかを考える**」です。たとえば、Kさんがさっき話してくれた会社の先輩に話を聞けば、介護の情報や老いた親のことについて、いろいろと教えてくれるはずです。

そうですね。同じ会社に勤めていて、立場も仕事内容も似ているので、かなり具体的にアドバイスしてくれると思います。

そうやって、**「老いた親のことについて、困ったり、知りたいことがあったりしたら、この人に聞けばいいな」と思える人を見つけておくことが、すでに情報収集になっている**んです。

たしかに、自分で一から情報を探すのはなかなかハードですが、すぐに話を聞ける人が近くにいるとラクですよね。会社の先輩以外にも、ほかに身近なところで頼れそうな人がいないか、もう少し考えてみます。

その調子です。うちの親族なんて、わたしが介護の本を書いていることを知っているから、自分の介護がはじまってすぐに「教えてよ！」「まずは、なにをすればいいの？」って連絡がきました（笑）。

それは賢い！　くどひろさんに相談できたら最高ですよ。そうか、介護を経験している親戚も、相談できる人の候補になりますね。

そうですね。あと、**親が住む地域にも頼れる人を見つけるといい**ですよ。

わたしの場合なら、広島の実家の近くで見つける、ということですか？

そうです。なぜかと言うと、**介護の情報って地域性がとても強い**んです。自分の足で探すしかないケースが結構あります。

ネットで調べれば、簡単に情報が出てくるんじゃないんですか？

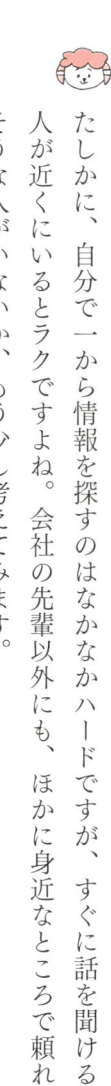

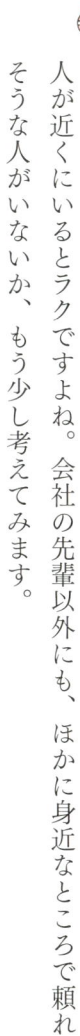

それが、たとえば、**介護施設の口コミをネットで検索しても、地方だとまったく情報が出てこないことが多い**んです。

そういうものなんですか。こんなに口コミだらけの世の中なのに……。うちの実家は田舎なので、情報を探すのに苦労するかもしれません。

その可能性は高いですね。わたしの実家も岩手ですが、たとえば母がお世話になっている地元の介護職の方に介護施設のことを聞いたら、いろいろと教えてくれましたよ。

まさに生の口コミですね。

はい。そういう意味でも「だれに頼るかを考える」のは、とても大切なんです。

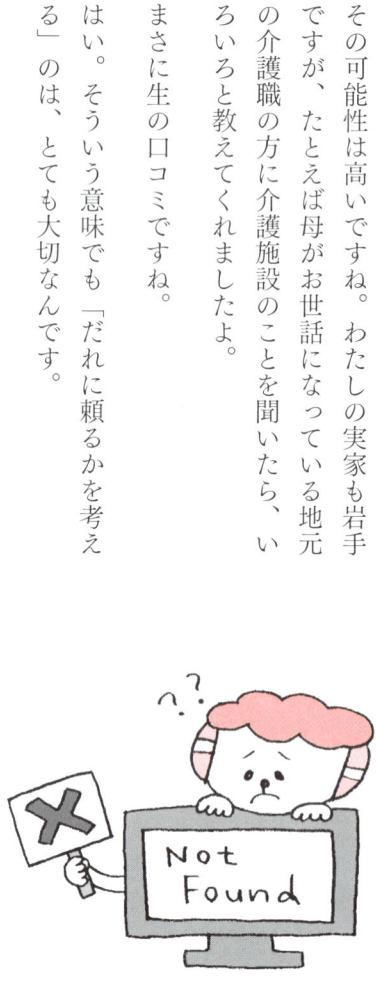

老いた親の介護についての情報収集

戦術③ 人で覚える

でも、近くに相談できる人がいない場合もありますよね？　くどひろさんも最初の介護離職のときは、だれにも相談せずに会社を辞めたって言っていませんでしたっけ？　それに、親が住む地域にも頼れる人を見つけるといいと言われても、実家を離れてもう何十年も経つので、知り合いもほとんどいないですし……。

そこで最後に登場するのが、３つ目の戦術「**人で覚える**」です。

人で覚える……？

はい。これは以前、遠距離介護をやりはじめたばかりの方から聞いた話をヒントにしています。その方は、親の介護が必要になったときに、「そういえば、東北と東京を介護で行ったり来たりしている男性がいると、なにかで見たな」と思い出したそうなんです。そして、そのかすかな記憶をたどって、「くどひろ」という名前にたどりついて、そこから遠距離介護に関する情報を集めていったそうです。

たしかに、「東北」「東京」「介護」「遠距離」くらいのキーワードがあれば、くどひろさんにたどりつけそうです。

くわしいことは思い出せなくても「どこかで、こんな人の記事を見た気がする」みたいなことってよくありますね。**そういう小さなフックさえあれば、そこからネットなどで検索して、必要な情報にたどりつける可能性が高くなります。**

「人で覚える」って、いいかもしれませんね。わたしも気になる人がいたら、スマホに名前だけでもメモしておこうと思います。そういう参考になる人って、くどひろさん以外では、どんな人がいますか？

いろいろな方がいらっしゃいますよ。たとえば、ＹｏｕＴｕｂｅで認知症の発信をしている医師もいますし、ＳＮＳで介護の発信をしている専門職の方もいます。Ｋさんの言うように、**気になる発言をしていた人の名前をメモするだけでも、充分に**

情報収集になっているんです。

もし身近に頼れる人がいなかったら、３つ目の戦術を使えってことですね。

そうです。Kさんのような、**まだ介護がはじまっていない人は、まずは情報のフックをたくさんつくっておくことからはじめるのがいいですね。そのときに、人というのは覚えやすいので、おすすめですよ。**

わかりました。３つの戦術とも簡単なので、わたしにもできそうです。こまかいことは未来の自分に託すくらいの気持ちでやってみます。

それくらいの気軽さでいきましょう。

これを言ってしまうと負けが確定する言葉

Kさん、さっき「介護は情報戦」って言いましたけど、実は、これを言ってしまうと戦の負けが確定する言葉があるんです。

負けが確定……。どんな言葉ですか？

それは「**すべてお任せします**」です。

どんなときに使うんですか？

親の介護で決断しなきゃいけないときですね。よくわからないままに、医師や介護のプロに「すべてお任せします」と言ってしまうんです。

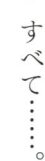

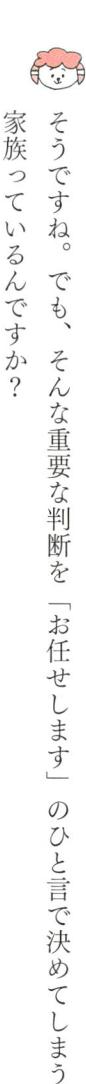

ああ……。わたしも言ってしまいそうです。相手は医療や介護のプロで、自分よりも絶対に知識や経験がありますし……。

もちろん、プロや専門家の意見は大切ですし、大いに参考になります。問題なのは「すべて」ってところです。

すべて……。

たとえば、「親を介護施設に預けるかどうか」とか「延命治療をするかどうか」といった大事な判断は、プロにお任せできないですよね？

そうですね。でも、そんな重要な判断を「お任せします」のひと言で決めてしまう家族っているんですか？

残念ながらいるんです。少し前に、認知症の親を介護施設に預けた方とお話しする機会があったのですが、その方に理由を聞いたら、「医師から自宅での介護は無理と言われたから、その通りにした」とおっしゃっていましたね。

医師がそう言うのなら、間違いではないような……。

親本人も子どもも、それで納得できているならOKです。でも、その方は自宅での介護を検討することもなく、病院に通ったわけでもなく、医師に言われたからという理由だけで判断したようです。まさに「すべてお任せします」ですね。

そういった背景を聞くと、ちょっと様子が変わってきますね……。

特に、Kさんのような**介護未経験の人がおちいりやすいんです。なにも情報がないなかで急に決断をせまられて、パニックになってしまうのかもしれません。**

時間も情報もないなかで、親の命や人生についての大きな決断をしなきゃいけないわけですよね……。自分で決めるのは荷が重すぎるし、自分よりもはるかに医療や介護についてくわしいプロに「こうです」と言われたら、「それで、お願いします」と言ってしまうような気もします……。

でも、もしも、医師や介護のプロが「認知症になったら介護施設で生活するしかない」と杓子定規（しゃくしじょうぎ）に考えるタイプの人で、しかも、親が施設に入ることを本当は望んでいなかったとしたら、どうなるでしょうか？

それはまずいですね……。親も子どもも後悔すると思います。そう考えると、**医師や介護のプロの言葉って、めちゃくちゃ大きな力を持っていますね。**介護ど素人のわたしなんて、簡単に流されてしまいそうです。

そうですよね。だからこそ、注意が必要なんです。家族は医療や介護のプロではありませんが「**親のプロ**」なんです。「親は今までどういう人生を生きてきたのか」「どういう性格なのか」「なにを望んでいるか」といった、医師や介護のプロが知らない情報をたくさん持っています。

こっちは親のプロ！　それなら、ある意味、立場は対等……。

その通りです。向こうは医療や介護のプロ。こっちは親のプロ。おたがいプロ同士なので、立場に上下はないと考えてみてください。

たとえ医療や介護にくわしくなくても、親の情報はたくさん持っているから、それをもとに話し合って決めるわけですね。

そうです。**これまで親とあまり話してこなくて親の希望をほとんど知らないという**

人でも、医師や介護のプロよりは、はるかに情報を持っていますから。

たしかに、そうですね。

「すべてお任せします」のひと言は、家族が考えることを放棄している状態とも言えます。もし、こっちが一生懸命に考える姿勢を見せたら、医師や介護のプロが持っているいい情報を引きだせるかもしれないのに。

なるほど。「もうこれ以上、情報は必要ありません」って、情報をシャットアウトしているようなものなのか……。

そうなんです。親を施設に預けるにしても、親の意思を確認しつつ、ちゃんとプロ同士が介護についての情報を交換したうえで決めたのならＯＫです。でも、さっきご紹介した方は、自分が介護についてなにも知らない負い目があって、医師の権威に流されてしまったようです。

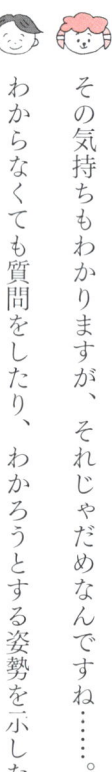

その気持ちもわかりますが、それじゃだめなんですね……。

わからなくても質問をしたり、わかろうとする姿勢を示したりすれば、それだけ質の高い情報が自然と集まってきます。やっぱり介護は情報戦なんです。

こっちの熱意で相手の対応も変わってくると。

そうです。**いい情報からいい介護が生まれて、親本人も子どももいい人生を過ごせるんです。最後の決定権は、医師や介護のプロではなく、親自身や家族にある**ということを忘れないでください。

自分には医療や介護の知識はないから、正直、プロにおんぶに抱っこでいいのかなと思っていましたが、丸投げはよくないことがわかりました。

わからないなりに考えて、もがいているうちに、介護する側も自然と成長していきます。情報を集めて、自分も成長したうえで「あとはお任せします」なら、なにも問題はありません。大切なのは、**親や家族の意思を放棄しない**ことです。

はい。大事な決断をするときは、自分の頭でちゃんと考えてからにしたいです。

後悔しないための

老いた親の基礎知識⑤

家族は「親のプロ」

第6章

介護の正論に振りまわされない

ひとり歩き（徘徊）する親に、どう対処する？

さっきの第5章では、情報収集の基本姿勢についてお話ししましたが、今度は**情報の中身**の話をしていきましょう。

情報の中身ですか？

はい。介護では、たくさんの情報を集めることが大切だとお伝えしましたよね。でも、**いざ親に介護が必要になったときに、その情報通りにやっても、うまくいかないことが結構ある**んです。

せっかく情報を集めたのに、なんでですか？

目の前の現実との板ばさみになるからです。ちょっとわかりにくいと思うので、具

体例をもとにお話ししていきますね。

お願いします。

たとえば、少し前に「認知症の人がひとり歩き（徘徊）をして、行方不明者が年間1万9000人をこえて過去最多になった」というニュースがありました。もしも自分の親が行方不明になったとしたら、Kさんは、どうしますか？

そりゃ必死になって探しますよ！

そうですよね。命を落としてほしくないから必死になって探すし、そんなことがまた起こらないように対策もしますよね。

もちろんです。

そのときに、たとえば、認知症の親が外に出られないように、玄関の内側に鍵をいくつもかけて親の行動を制限する家族もいます。

命にかかわることなので、それも仕方がないと思います。

でも、専門家のなかには、「鍵をかけて外出を制限することは、認知症の人の不安を強めたり、筋力低下を招いたりする可能性もある」と主張する人もいるんです。

な、なるほど……。

それは1ミリも否定のしようがない完璧な正論で、鍵をかけた家族は「自分は親にひどいことをしたな」と思ってしまうわけです。

わたしが同じ状況になったとしたら、専門家の意見と目の前の現実のしんどさのあいだで、身動きがとれなくなりそうです……。

正直、こういう正論と現実の板ばさみになるような情報が多くて、わたしも本当に頭を抱えています。

くどひろさんでさえも……。

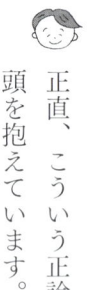

鍵をかけないと、いつまでも介護する家族の不安は解消されません。それに、鍵をかけずに親が行方不明になって命を落とすようなことになれば、それこそ一生後悔します。**専門家の主張は正論ではあるんですが、現在進行形で介護をしている人の**

正解になっているとは限らないんです。

もし、くどひろさんがこの状況になったら、どう対応しますか？

わたしなら、まず鍵をかけます。命より大切なものはないので。ほかに、ＧＰＳを使って親のいる場所をいつでも確認できるようにするし、認知症高齢者見守りネットワークにも登録します。あわせて、介護のプロの力を借りながら、親が外出する機会を増やして、筋力が低下しないように対策をします。

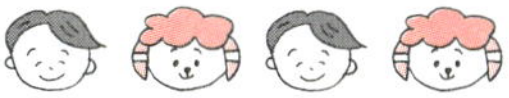

どんどん現実的な策が出てきますね。

「**介護には正解がない**」って言葉を聞いたことがありますか？

い、いえ……。

１人ひとり、体の状態や症状、環境などが違っているので、唯一絶対の答えがないってことです。でも、正解がないからといって、そこで考えることをあきらめるのではなく、**正論をふまえながら、現実的な正解を見つける**ようにしています。

正論だけでは介護はできない

ほかに、正論だけど正解ではない例ってありますか？

「地域や社会全体で高齢者を支えよう」という言葉ですね。

よく耳にする言葉のような……。

そうですね。これも正論なのですが、都市部では近所づきあいがかなり減っているし、地域との関係も希薄化しています。

たしかに、広島の実家は近所づきあいがまだ多少は残っていますが、東京のわたしの家は隣にだれが住んでいるかも知らないです……。

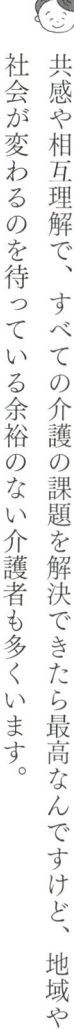

共感や相互理解で、すべての介護の課題を解決できたら最高なんですけど、地域や社会が変わるのを待っている余裕のない介護者も多くいます。

何十年もかかってしまいますもんね。それじゃあ介護が終わってしまいます……。

ですよね。さっきから何回も「○○って言葉があるんです」とか「△△って聞いたことがありますか？」とKさんに問いかけていたのですが気づきました？

い、いえ……。まったく気づかなかったです（汗）。

実は、それらの言葉って介護の本によく出てくる有名なフレーズなんです。これからKさんが情報収集していくなかでも必ず目にすると思います。でも、いざわたしが母のことで現実的な介護をせざるをえなくなったとき、「こんなことをしていいのだろうか？」と悩みました。**ちゃんと情報収集していたからこそ、介護の正論にふれすぎてしまっていて、新しい不安が増えてしまったんです。**

正論と現実の正解のあいだには、やっぱり溝があるんですね……。しかも、くどひろさんは、いろいろ発信活動をされているから、余計に悩みそうです。

そうなんです。わたしがやっているリアルな介護の姿を発信したら、専門家の意見に反していると思われて、炎上するんじゃないかって何度も思いました。

実際にクレームなどが来たことはあったんですか？

はい。たとえば、見守りカメラで母を見守ることですかね。「監視だ」とか「プライバシーを侵害している」とか。でも、正論を理解しつつも、現実的な介護をしないと認知症の母の面倒なんてみられないし、「最期まで自宅で暮らしたい」という母の願いも叶えられなくなると腹をくくってからは、葛藤もふくめて、そのままリアルな思いを発信しています。

まさか、ちゃんと情報収集したことで、かえって悩むことになるなんて……。正論との距離感、わたしも気をつけたいと思います。

介護の戦いに勝つ必要はない

次は、実践です。ずっと戦いにたとえて話してきたので、実「戦」と言いかえてもいいですね。

いよいよ、集めた情報をもとに、どう戦うかですね！

はい。**情報があれば介護という戦いを有利に進められますが、戦いに勝てるかどうかは、また別の話です。**これまで介護は情報戦とお伝えしてきましたが、本音を言うと、わたしは「介護の戦いに勝つ必要はない」と思っているんです。

えっ!!　今までの話は、なんだったんですか!?

びっくりしましたよね（笑）。すみません。この言葉には、続きがあるんです。「**介**

護の戦いに勝つ必要はない。負けなければいい」。

負けなければいい……。

「介護の戦いに負ける」って、Kさんは、どんな状況だと思いますか？

うーん……。親の介護でお金が尽きてしまうとか……。

それもありますね。ほかには？

介護に疲れて、すべてを投げ出してしまうとか……。

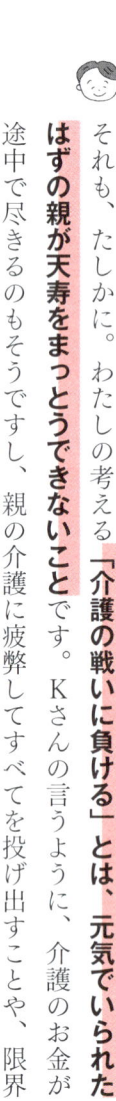

それも、たしかに。わたしの考える**「介護の戦いに負ける」とは、元気でいられたはずの親が天寿をまっとうできないこと**です。Kさんの言うように、介護のお金が途中で尽きるのもそうですし、親の介護に疲弊してすべてを投げ出すことや、限界を迎えて親を虐待（ぎゃくたい）することも「負け」です。それに、無理をして自分が倒れてしまうのも「負け」だと思っています。

そうか、介護する側が倒れたら、親の健康にも影響しますもんね。だったら、お金が底をつかず、途中で投げ出さず、自分が倒れずに、最期まで親の介護を続けることができたら、戦いに負けてはいないと？

その通りです。この戦いがやっかいなのは、**基本は途中で降りられないし、いつ終わるのかもわからない**ところです。祖母の介護は1年の短期戦でしたが、母の介護は12年以上経った今も続いていて超長期戦になっていますから。

終わりが見えない戦いって不安だし、かなりしんどそうです……。だからこそ、負けないことが大切なのか……。

そうなんです。兵も兵糧（ひょうろう）も大切にしないと、戦いは続けられません。**兵というのは介護のプロをふくめた親の介護にかかわるすべての人たちのこと、兵糧というのは介護にかかるお金のこと**と考えてください。

ちなみに、その「負けなければいい」という考え方は、どんなときに思いついたんですか？　くどひろさんのオリジナルですか？

いいえ。かの有名な「孫子の兵法」を参考にしました。そのなかに、勝つことよりも負けない態勢をつくることが大切という話があって、「自分の介護のスタイルはこれだ！　負けない戦いをずっとやってきたんだ」って気づいたんです。

まさか介護の話に「孫子の兵法」が出てくるとは！

第5章で「介護は情報戦」とお伝えしたのは、Kさんが介護をする状況になったときに、1人で戦うことを避けてほしいからです。**世の中には、介護の戦いに、たった1人で立ち向かっている人がたくさんいるのですが、そうなってしまうと最初から負けが確定してしまう**んです。介護虐待の多くは、1人の長期戦になって、どこかで介護が破綻してしまうことが原因と言われています。

孤軍奮闘の状態は、どこかで破綻してしまうんですね……。

そうなんです。だから、情報を集めて、孤立しないように情報収集の大切さを最初にお伝えしました。

しっかり情報収集をして、仲間を集めて、守りを固めて、長期戦にも備えて、負けない態勢をつくる「孫子の兵法」は、たしかに介護と相性がよさそうです。

長期戦になっても戦い続けるためには、徹底的に自分の守りを固める必要があります。自分の健康も生活も家計も維持しながら、倒れないようにする。12年以上の超長期戦になっても母の介護を在宅で続けられているのは、勝とうとするのではなく、負けないことを意識しているからだと思っています。

それって耐久戦とも言えますよね。また、戦いにたとえてしまいましたが。

わたしとしては「耐えている」という感覚はないのですが、第４章でお話ししたように、ここからさらに母の介護が10年以上続く可能性もあると思っています。どちらかというと、持久戦でしょうか？

「あと10年以上も」と考えると、正直つらくないですか？

もちろん、しんどいときもありますが、親のためではなく、自分のためと思って介護をやっていますから。本当に腹をくくっているので、耐えしのぐ感じではやっていないんです。

たしかに、くどひろさんには疲弊感がないし、むしろ明るさを感じます。

後悔しないための

老いた親の基礎知識⑥

正論をふまえながら現実的な正解を見つける

第7章

ストレスを減らして身軽になっておく

長年介護していても疲弊しないわけ

前の章の終わりに、Kさんは「くどひろさんには疲弊感がないし、むしろ明るさを感じます」と言ってくださいましたよね。ありがとうございます。

くどひろさんは、ずっとニコニコ話されるので。失礼ながら12年以上も介護をしていたら、もっと疲弊感が漂うものなのかなと勝手に想像していました……。

そう言ってもらえて、うれしいです。「明るい」と感じてもらえるのは、やはり「親の介護は自分のため」と思いながら介護しているからだと思います。

やはり、その考えが大切なんですね。

はい。それが、すべての基本ですね。

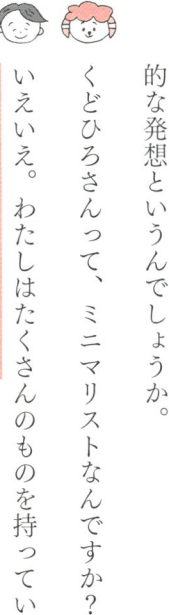

でも、瞬間的に「親の介護は自分のため」と思えても、12年以上ずっとそう考えられるって簡単なことではないと思うんです。そんなに長く「自分のため」と思い続けられるのは、なにかコツがあるのでしょうか？

そうですね……。難しい質問ですが、自分では「**できるだけ身軽でいること**」を意識してきたのが大きいと思っています。イメージしやすい言葉だと、ミニマリスト的な発想というんでしょうか。

くどひろさんって、ミニマリストなんですか？

いえいえ。わたしはたくさんのものを持っているので違います。あくまで、**ミニマリスト「的」な発想が大切**ということをお伝えしたいんです。

ミニマリスト的……？

ミニマリストって、ものをどんどん捨てて、ほとんど部屋にものがないという極端なイメージがあるかもしれませんが、その根底には「**不要なものを持たずに、大切なものに集中する。そして身軽になる**」という考え方があるように思うんです。

身軽に……。

その「身軽になる」が、わたしの考え方に似ていると思っているんです。イメージしてもらいやすいように、あらためてKさんに質問です。もし今、急に親の介護がはじまったとしたら、Kさんの今の生活はどうなりますか？

もちろんバタバタするとは思いますが、介護は情報戦ということがわかったし、相談できる先輩が近くにいるし、介護の休みや包括についてもくどひろさんに教わったので、なんとかなるような気がしています。

うれしいですね！　でもKさん、今、仕事がとても忙しいんですよね？　お子さんのこともありますよね？　住宅ローンも残っていますよね？　そんな状態で親の介護がはじまったら、自分をちゃんと守れますか？

えっ……。そう言われると急に自信が……。

ちょっと言いすぎましたね（笑）。今のKさんは、たとえるなら、大きくて重たい荷物を何個も持って歩いているような状況なんです。

大きくて重たい荷物を……。

右手に持っている大きなバッグには「仕事」と書いてあります。左手の大きな紙袋には「子ども」と書いてあります。さらに背中にも、これまた大きなリュックを背負っていて「住宅ローン」と書いてあります。

自分のことながら、クラクラしてきますね……。

そこに、さらに追加して、「介護」と書かれた30キロのダンベルを、ある日、突然渡されて、「これを運んでください！　途中で降ろすことは許されません」と言われたとします。そうなったら、どうしますか？

うう……。もう一歩も動けないかも……。

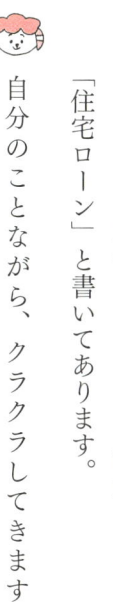

介護単独で考えても問題は解決しない

介護を30キロのダンベルにたとえたのは、得体の知れない不安を背負うイメージをしてほしいからで、わざとネガティブなものにたとえました。ちなみに、今、Kさんが抱えている、最大のストレスってなんですか？

そうですね……。やっぱり仕事ですかね。さっきの荷物のたとえ話だと、右手の大きなバッグに50キロのダンベルが入っていて、それを両手で引きずって歩いているような感じです。

介護離職する前のわたしも、Kさんと同じような感じでした。休みの日も常に仕事のことばかり考えていて、人生の貴重な時間を無駄にして……。日曜の夜が憂鬱（ゆううつ）で憂鬱で仕方なかったですね。

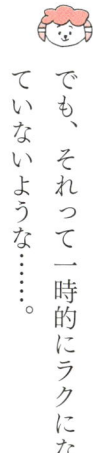

くどひろさんは、そんな状況だったのに、さらに30キロの介護のダンベルを持って歩くことになったわけですよね？

そうですね。危うくつぶれるところでした。でも、わたしの場合は、抱えていた荷物の種類が変わったので、そうならずにすんだんです。

荷物の種類が変わる？

はい。介護離職して、仕事のダンベルがなくなって、一気に仕事のストレスが消えたんです。それで、なんとかなりました。

でも、それって一時的にラクになっただけですよね？　根本的には、なにも解決していないような……。

そうですね。仕事のダンベルの代わりに、今度は「収入」というダンベルを運ぶことになりました（笑）。でも、本当に重たかった仕事のストレスがなくなって、身軽になったんです。普通は、介護離職したら落ち込むところですが。

30キロの介護のダンベルを渡されても、それ以上に重たかった仕事のダンベルがなくなったので、ストレスの総量としては減ったということですか？

はい、激減しました。わたしにとっては、仕事がいちばんのストレスだったみたいです。なににストレスを感じるかは、人によってまったく違いますよね。

人によって持っている荷物の種類が違うし、そのなかに入っているダンベルの重さも、その感じ方も、人それぞれなのか……。

介護のストレスって介護単独で考えられがちですが、介護のなかだけで解決できるほど単純ではないんです。仕事や子育ての悩み、健康やお金の不安など、介護以外のストレスが複合的にからみあっているんです。

たしかに、仕事が忙しくなると親のことなんて考える余裕はなくなるし、自分の体調が悪いときは親の話を聞くゆとりもないですもんね……。いろいろな荷物の負担が合わさってストレスになるわけなんですね。

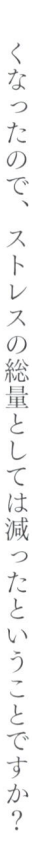

そうなんです。でも、多くの人は「親の介護のせいで、自分の人生がめちゃくちゃになった」と考えがちです。**本当は、親の介護は、きっかけの1つにすぎないかも**

しれないのに……です。

現状でも忙しいのに、老いた親に時間をとられるようになって、気持ちに余裕がなくなってきたら、イライラする場面が増えそうですね……。

介護がはじまると、今、抱えているストレスは、確実に増幅されます。マイクロストレスなんて言いますが、残業や出張、上司や部下の言動、電車が混んでいるなど、今までそれほど気にならなかったことにまで急にストレスを感じるようになって、それが積み重なっていくんです。

あっ、そうか！　だから、**親の介護がはじまる前に、ミニマリスト的な発想で、自分が抱えているストレスを少しでも減らして、身動きがとりやすくなるようにしておけ**ってことですか!?

その通り！　今までの話が伝わっていてよかった。

今、どんな荷物を抱えている？

身軽になるために、くどひろさんは、どんなことをしているんですか？

仕事量を調整したり、介護のプロに頼れるところは頼ったり、とにかく**自分側のストレスを減らす工夫**をしています。わたしの場合、重度の認知症の母に言うことを聞いてもらうのは至難（しなん）の業（わざ）で、母に対するストレスはどうしようもないので。

なるほど。だから、くどひろさんは何度も「親の介護をきっかけに、今後の自分の人生や仕事についても考えてほしい」と言っているんですね。

わかってもらえて、うれしいです。**介護単独で考えると、どうしても行き詰まってしまうので、人生全体で考えることをおすすめします。**今、自分が抱えている荷物

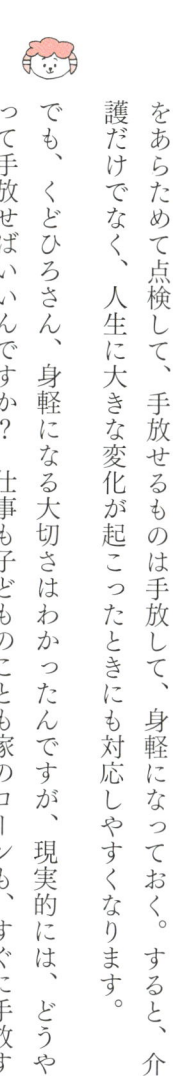

をあらためて点検して、手放せるものは手放して、身軽になっておく。すると、介護だけでなく、人生に大きな変化が起こったときにも対応しやすくなります。

でも、くどひろさん、身軽になる大切さはわかったんですが、現実的には、どうやって手放せばいいんですか？　仕事も子どものことも家のローンも、すぐに手放すのは難しいというか、現実的には無理なのですが……。

たしかに、そうですよね。わたしみたいに仕事を辞めるという決断は、なかなかできないですよね。状況的に仕方なかったとはいえ。

はい、無理です……。

そんなときは、**一度立ち止まって、まずは自分がどんな荷物を持っているかを確認するだけでも意味があります。**今、自分がどんな荷物を抱えているのかさえわかっていない人も多いので。

たしかに、さっきくどひろさんに指摘されてはじめて、自分がとんでもなくたくさんの荷物を抱えていることに気づきました……。

いきなり手放すのは難しくても、自分の荷物を確認して**「こんな重い荷物を抱えた状態で、もし親の介護がはじまったとしたら、自分を大切にできるか？」**という視点で一度考えてみると、手放せるものが見えてきます。

荷物を確認するだけで意味がありますか？

ありますよ。目の前の仕事や子どものことに必死になると、**いちばん大切なはずの自分のことがおろそかになりがち**です。なので、せめて荷物の確認をして、現実的に手放せそうなものにあたりをつけてみてください。

わかりました。現実的なところからですね。

介護のストレスを一気に解消する方法

ほかに、自分が身軽でいるために実践してきた、ストレス解消法もありますよ。

知りたいです！　教えてください。

「**自分が抱えているストレスを人にさらけだす**」です。

えっ、人にさらけだす？

ストレスって、人に見せられるストレスと、人に見せられないストレスにわかれると思うんです。わたしは、**介護のストレスは、すべて人に見せられるストレス**だと考えていて、その姿勢で今まで母を介護してきました。

でも、サイレントケアラーがたくさんいるって言っていましたよね？

そうですね。世の中には、介護のストレスを人に見せられないストレスだと考えている方が、まだたくさんいらっしゃいます。でも、**親の介護をしていること自体を隠すと、孤独な長期戦になってしまって、ある日突然、ストレスが爆発して虐待につながる可能性が高くなります。**だから、わたしが親の介護をしている方の見本になれればいいなと思って、率先してブログや音声配信、講演会などで全国にリアルな介護のストレスをさらけだしています。

ストレスを人に見せると、なにかいいことがあるんですか？

親に接するときに余裕が生まれます。ストレスを自分の外に出すって、本当に大切ですよ。それと、いっしょに考えてくれる人もあらわれます。会社の先輩や介護職の方、介護仲間といったリアルに話を聞いてくれる人もいるし、一度も会うことはないかもしれませんが、ネットやSNSの世界で声をかけてくれる人もいます。

自分は1人じゃないと思えることが、とても大切なんですね。

本当に、そう思います。**重そうに荷物を持って歩いている姿を、だれかに見てもらうだけで意味がある**んです。それで、ときには、親切な人が「荷物、持ちましょうか」「手を貸しましょうか」って言ってくれるかもしれませんしね。

そう言ってもらえるだけで救われますね。

そうなんです。わたしの介護の発信が11年以上続いているのは、多くの悩みを抱える全国の介護者のためでもあるんですが、それ以上に介護のストレスをさらけだすことで、わたし自身がラクになっているからなんです。**だれかが見てくれていると思うだけで不安が消えるし、勇気がわいてくる**ことを実感しています。

なるほど。わたしも親の介護をすることになったら、１人で抱えこまず、どんどんまわりに言えるようにしたいです。

介護だけでなく、普段の悩みやストレスにも使えますよ。**だれかに悩みをさらけだすことは、自分を守ることにつながります。**本当におすすめです。

後悔しないための

老いた親の基礎知識⑦

老いた親の悩みはどんどんさらけだす

第8章

老いていく親は30年後の自分の姿

親の老いを通して自分の老後を予習する

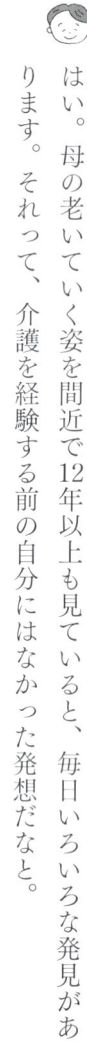

結局、親が倒れてからではなく、元気なうちから親の老いについて考えるって、どういうことだと思いますか？

老いていく親に、自分の未来を重ねることだと思います。**親の老いを通して、自分がこれからどうなっていくかの予習ができる**んです。

自分の老後の予習ですか？

はい。母の老いていく姿を間近で12年以上も見ていると、毎日いろいろな発見があります。それって、介護を経験する前の自分にはなかった発想だなと。

たとえば、どんなことですか？

母は足が不自由なので、いっしょに外出するとき、わたしは母と腕を組んで歩いています。当然、母にスピードを合わせないといけないので、ゆっくり、ゆっくり歩くしかありません。しかも、歩ける距離が限られているので、わたしの足なら5分で行ける歯医者に、わざわざタクシーで通院しているんです。

それは大変ですね……。

はい。タクシーを呼ぶ手間もかかるし、車が来るのを待つ必要もある。わたし１人なら歩いてたったの5分でお金もかからないのに、母といっしょだと20分もかかるうえに、毎回１２００円もかかってしまうんです。

わたしなら、イライラしてしまいそうです……。

ですよね。でも、あるとき、ふと思ったんです。**ささいな行動の1つひとつに時間と労力、お金がかかる母の姿は、30年後の自分の姿**なんだと。

くどひろさんが、ちょうどお母さんくらいの年齢になったときの……。

そうです。そう考えると「**この経験は無駄じゃないな**」と思えたんです。Ｋさんが

第1章で「親の歩くスピードが遅くなった」と話してくれましたが、わたしは普段から母の歩くスピードを自分の体で実感しているので、80歳になったときの自分の歩く姿をはっきりイメージできます。しかも、自分の親だから、どこか遺伝する部分もあると思っているので、よりリアルに。

まるで、**お母さんの老いを追体験している感じ**ですね。

まさに、そんな感じです。それに母は重度の認知症なので、わたしが代わりに病院の手続きや薬の準備などをやっているんですが、まるで自分の病気や薬の種類が増えているような感覚になります。

病気や薬までリアルに……。

母自身も若いころのように動けなくなった自分にもどかしさを感じていて、その気持ちがよくわかるので、本当にいい勉強になりますよ。

こうやって人は老いていく

ほかにも、家の間取りやつくりにも目が向くようになりました。これも、**未来の自分の住まいについての予習になります。**住まいの購入を考えている人にとっては大きな判断材料になると思いますよ。

たとえば、階段ののぼりおりとかですか？

わかりやすいのは、そうですね。だんだん上下の移動が難しくなって2階にあがれなくなり、1階で過ごす時間が長くなっていきます。家の玄関も同じで、大きな段差があると手すりにつかまってあがるしかなくて苦労するんです。

普段、わたしが意識もしないようなことが、歳をとるといちいち壁になって、目の前に立ちふさがるわけですね……。

はい。それに、苦労するだけでなく、たった数センチの段差が、ときに命とりになることもあります。実際、つまずいて転倒する母の姿を何度も見てきましたから。

段差のない家や平屋がブームになっていると聞きますが、老いた体への負担を減らすことを考えた結果なのかもしれませんね……。

そうですね。**加齢によって身体機能が衰えると、行動範囲もどんどん狭くなっていくんです。**そうなると、さらに筋力が衰えて、立ちあがるのが難しくなります。なので、母には小さなお願いをよくしているんです。

小さなお願い？

はい。たとえば、「タオルたたんで」とか「お皿洗って」とか。少しでも母が動ける機会をつくって、筋力の維持に努めています。**何気ない日常生活のすべてが、リハビリになりますからね。**

へ～、そういうものなんですね。

老いを遅らせるこうした試みも、いつか自分の体が動かなくなったときに役に立つと思っています。**親の老いと向き合ううちに、未来の自分に活かせる情報をたくさん収集できる**んです。それに、自分の老いを受け入れる準備にもなりますよ。

親の老いではなく、自分の老いを？

はい。だれしも、自分の老いを受け入れるのって簡単ではないと思うんです。特に**ビジネスパーソンのみなさんは、アスリートほど明確に衰えやパフォーマンスの低下を感じるわけではないので、余計に自分の老いを把握しづらい**んです。

たしかに。わたしも少しずつ老いを感じてはいますが、「まだまだ若い。ちゃんと仕事をこなせているから大丈夫」と思っているところがあります（笑）。

そうですよね。いつまでも若くいたいという気持ちも大切ですけど、自分の体力や身体機能の低下を少しずつ受け入れることも必要です。じゃないと、運動会で転ぶお父さんみたいになりますから（笑）。

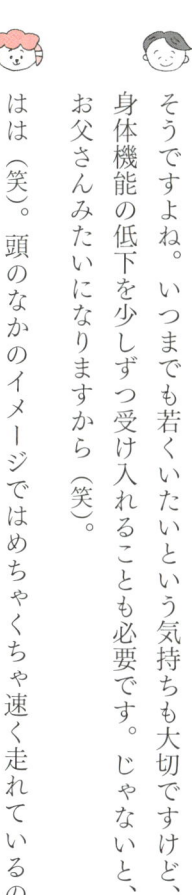

はは（笑）。頭のなかのイメージではめちゃくちゃ速く走れているのに、体のほう

がついていかなくて、大けがするやつですね。

それです（笑）。親を通して老いを疑似体験しておくと、「**人は、こうやって老いていくのか**」ということが理解できて、自分の老いを客観的に見つめられるようになりますよ。

残された時間を知ると「今」をより大切にできる

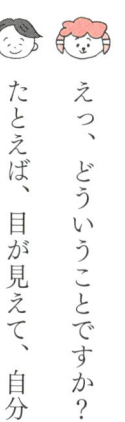

でも、くどひろさん。老いていく親のことばかり考えていると、「ああ、自分もいつかこうなるのか……」なんて考えて憂鬱になりませんか？　せっかく、まだ若くて健康なのに、未来のことばかり不安になって、大切な今をおろそかにしているような気がするんですが……。

Kさん、むしろ逆です！　**親の老いを通して、若さや時間の大切さ、健康のありがたさを痛感するので、「今」という時間をより大切にするようになります。**

えっ、どういうことですか？

たとえば、目が見えて、自分の足で歩けて、公共交通機関に乗れて、目的地に不自由なく到着できる。かたいものを食べられる。好きなものを飲める。実際、わたしは日々こんなことに感動しながら生きているんですが（笑）、そう思えるのは、母を長年介護しているからです。**「今のあたりまえは、未来のあたりまえではない」とわかって、目の前の景色が変わって見える**んです。

いつもわたしが何気なくやっていることが、加齢でそれができなくなった人にとっては特別なわけですか……。

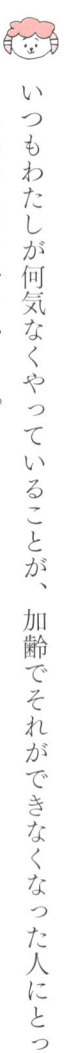

そうです。**老いた親について考えることで、わたし自身、今という時間への感謝の気持ちが100倍以上になった**と実感しています。

100倍！

今という時間の大切さをKさんに実感してもらうために、数字の面からも見ておきましょうか。Kさんは「健康寿命」って聞いたことありますか？

あります。でも、くわしいことまでは……。

健康寿命とは、その名の通り、健康でいられる期間のことです。介護を受ける状態になると、そこで健康寿命は終わりです。内閣府の発表では、男性で約73歳、女性で約75歳という結果が出ています。

この前調べた平均寿命が、たしか男性が約81歳、女性が約87歳だったので、それよりも約10年短いってことですね。となると、人生の最後の10年は、なにかしらの不調を抱えていたり、介護を受けたりしているわけか……。

そうですね。あくまで平均なので、わたしの母のように60代後半から介護が必要になる場合もありますが、元気でいられる期間のおおよその目安として参考になります。**ざっくり40代だと、あと30年。50代だと、あと20年。60代だと、あと10年くらいは元気でいられる可能性が高いわけです。**

40代半ばのわたしは、あと25年くらいか……。そう考えると、元気で動ける時間って、そんなに残されていないのかもしれませんね……。

意外と短いですよね。体が不自由になっても気力でカバーできる超人的な人もたまにいますが、思うように体が動かなくなっていく母の姿を見ていると、体の不調はいろいろなやる気を奪ってしまうんだと実感しています。

わたしも、ちょっと腰や肩が痛いだけで、なにもしたくなくなります。それ以上のことですもんね……。

そうですね。だからこそ、「体が動いて気力もある今のうちに、やりたいことをやっておこう！」と思って、新しいことに挑戦したくなるんです。

親の老いとか介護って、なにかを失うだけの人生の悲しいイベントだと思っていましたが、**人生が限られた時間であることを実感して、今という時間の大切さに気づけるチャンス**でもあるのか……。

いいこと言いますね！ **わたしは親の介護を経験して人生が変わったし、確実に豊かになったと断言できます。親の老いは自分の人生を考えるチャンスだと、わたしは本気で思っているんです。**

目の前の仕事に忙殺されて今後を考えない人の末路

今という時間の大切さは、仕事においても同じです。もし会社で仕事をしている時間が、我慢や忍耐の時間、定年までの暇つぶしの時間になっているとしたら、本当にもったいないと思うんです。

（ギクッ……）耐える時間になっていることも多いですね……。もちろん、やりがいや充実感も、あるにはあるのですが……。

Kさんは、今の自分の仕事についてあらためて考えてみたり、転職や副業について検討したりしたことはありますか？

あるにはあるんですが、目の前の仕事に忙殺されて、完全にあとまわしになっていますね……。「一度、ちゃんと考えないといけないな」と思いつつも、まったくできていなくて、それが漠然とした不安につながっている気がします……。

ずっと走り続けていると、考える余裕はなかなかないですよね。

はい……。

そんなときに、老いた親に対する危機感って、いいきっかけになるんです。親の様子がおかしいって、かなりインパクトのある出来事ですよね。**強制的に立ち止まるしかないピンチの状況になってはじめて、人って自分のこれからについて真剣に考えるようになる**んです。わたしも、そうでしたから。

老いた親への不安を着火剤として利用する話ですね。

そうです。前に、30代半ばで急に父が倒れて、そこから副業や仕事、貯金などについて本気で考えるようになったとお話ししたと思います。そのあと、なんだかんだ10年くらいさまよって、40代半ばにやっと今の天職を見つけられましたが、これは言ってみれば、みなさんよりも早くお尻に火がついたということです。当時は本当に大変でしたが、今となっては早く火がついてよかったと思っています。
ただ、くどひろさんだからぶっちゃけますが、「このまま定年まで逃げきって、退職金をもらおう」という気持ちもあるんです。これから子どもの進学があるし、まだ家のローンも残っていますし。

正直にありがとうございます（笑）。でも、今のKさんって、とても不安定な状態だと思うんです。今の時代、会社の寿命も短くなっています。わたしが40歳までに勤めた5つの会社のうち、1社は廃業、1社は吸収合併、3社は同じ商売を続けていますが組織はだいぶ変わったそうです。

退職金がもらえるまで、そもそも会社があるかどうかわからないのか……。たしかに、うちの会社も業績が安定していません。友人の会社は、業績が好調にもかかわらず、50歳以上の早期退職募集があったと聞きました。

一般的には、年齢が上がれば上がるほど再就職は難しくなるでしょうし、今の会社以外の選択肢も考えておく必要があると思います。**なにも考えていない状況で会社が倒産、そこに親が急に倒れたなんてことになれば、あっというまに軌道修正でき**

なくなりますから。

それは、おそろしい……。

そうなる前に、親の老いをきっかけに自分を鼓舞（こぶ）して、小さくていいので一歩ふみだしてみてください。40代半ば、しかも**老いた親に不安を感じている今のKさんの状況は、今後の自分の仕事や人生について考える絶好のタイミング**です。

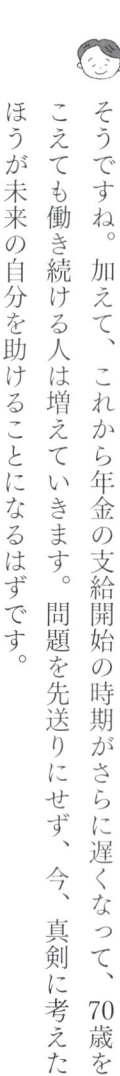

考えることを半ば放棄していましたが、これからの仕事について一度ちゃんと考えてみます。会社が生き残れたとしても、定年前になればポジションや給料の見直しを会社から提示されるだろうし、いつかは考えないといけないことですもんね。

そうですね。加えて、これから年金の支給開始の時期がさらに遅くなって、70歳をこえても働き続ける人は増えていきます。問題を先送りにせず、今、真剣に考えたほうが未来の自分を助けることになるはずです。

もしも自分が介護を受ける立場になったら？

少し話は変わりますが、くどひろさんは、自分が介護を受ける側になったときのことも考えていますか？

考えていますよ。というより、母の介護を通して自然と意識するようになりましたね。加齢によって、できないことが増えていくでしょうが、**残された機能をうまく使いながら、積極的に介護のプロの力を借りて生きていきたい**と思っています。

介護を受けることに、抵抗感はないんですね。

まったくありません。これは**母の介護を経験したおかげ**です。たとえば、介護が必要になった人が日常生活をサポートしてもらうために日帰りで施設に通う「デイサービス」というものがあるんですが、わたしは積極的に使いたいと思っています。

くわしいサービス内容までは知らないですが、よく聞く言葉ですね。

入浴や排せつの介助、食事の提供などを介護のプロにお願いできるので、介護している家族にとっては、とても助かるサービスです。でも、親をデイサービスに行かせようとすると、「老人の集まりには参加したくない」「ままごとみたいなことはしたくない」と言って、嫌がるケースが結構あるんです。

ありそうですね。入浴や排せつの介助をされるのは、わたしもちょっと……。

わたしも、介護を経験する前は、そう思っていました。でも、多くの機能を失った認知症の母が12年以上経った今でも自宅で生活できているのは、確実にデイサービスのおかげです。その実体験があるので抵抗感はなくなったし、むしろ元気で長生きするために喜んでデイサービスを利用したいと思っています。

まさに、お母さんの老いを通して、自分の未来を予習しているんですね。

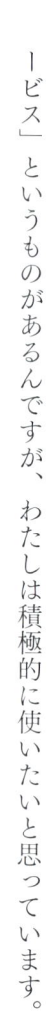

はい。だれかの力を借りて生きていく未来が、ぼんやりではなく、はっきりイメー

ジできています。ほかにも、公的な介護保険サービスは、どんどん使います。もしも妻がわたしの介護でつらいと感じるようなことになれば、抵抗感なく施設にも入ります。あっ、でも、お金が足りるかな（笑）。

そこまで考えているなんて、すごいです。

あとは、杖（つえ）や手すり、車椅子といった福祉用具も積極的に使いますね。母を見ていると、**たとえ体が不自由になったり、認知症になったりしても、やっぱり自分のことは自分でやりたいものなんだと実感している**ので。

なるほど。ちなみに、将来の自分の老いや介護について考える以外に、実際に行動したり、準備したりしていることってありますか？

もしものときのために、エンディングノートを書き終えました。たとえば、「お葬式もお墓も不要で散骨希望」とか「70代前半までは延命治療希望」などと自分の希望をノートに書いて残しつつ、妻には口頭でも伝えています。

ずいぶんと早い終活ですね。

うちは子どもがいないのと、妻が難病を抱えているので、早め早めに準備をしました。もしものときは、いつやってくるかわかりませんからね。

たしかに……。でも、自分は大丈夫だと思ってしまうんですよね……。

ほかに、父が亡くなったときにお世話になった行政書士さんにお願いして、40代後半で公正証書遺言を書いて、公証役場に保管しています。たしか10万円くらいかかりました。これは終活のためというより、母の認知症が影響しています。

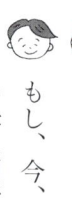

なんで、お母さんの認知症が関係するんですか？

もし、今、わたしにもしものことがあったら、妻と母が相続人になります。認知症の母は判断能力が低下しているので、自分で判断できません。そうなると、代理人を立てる必要があるんですが、これが本当に大変で……。

経験があるんですか？

はい。かつて、祖母の代理人を経験しています。そのとき、家庭裁判所や法務局に行ったり、いろいろ資料を準備したりと、本当に手続きが面倒でした。難病を抱える妻がわずらわしい手続きをしなくてもいいようにと思って、わたしの遺言通りに相続できるようにしてあります。

す、すごいです……。わたしはなんにもやっていません……。

大丈夫です。これからでいいんです。**親の老いや介護を通して予習しておけば、その知識はそのまま自分の未来にも活かせますから。**

やっぱり「親の介護は自分のため」なんですね。

後悔しないための

老いた親の基礎知識⑧

親の介護を通して老いを疑似体験する

第9章

親と話をしやすい3つのタイミング

エンディングノートに聞くべきことが書いてある

ここまで「親の介護は自分のため」という考えをもとに、いろいろお話ししてきました。でも、Kさん、実際に介護を受けるのは親自身ですよね？

そうですね。

だから本当は、親抜きで話を進めるのは、ちょっと無理があるんです。**どこかで必ず一度は、親と腹を割って話す必要があります。**

えっ!!　今までの話は、なんだったんですか!?

「介護の戦いに勝つ必要はない」と言ったときと、同じ反応ですね（笑）。何度もごめんなさい。はっきり言ってしまうと、Kさんにお話ししてきたことは、普通のア

プローチではなかったんです（笑）。

変化球的なアプローチだったんですか？

はい（笑）。多くの介護の本には、「老後や介護について、親子でしっかり話し合いましょう」と書いてあります。これが、よくある一般的なアプローチです。

でも、それって理想論ですよね？　親子でちゃんと話せたらいいですが、それができないから、みんな悩むんじゃないですか？

そ、そうですね……。

まだまだ元気な親に話をしても嫌がったり、はぐらかしたりしそうだし、子どもの立場としても、あらたまって親と真剣に話すなんて照れくさい。だから、先送りしてしまうんです。わたしのほうが、よっぽど現実的だと思うんですが……。

ううっ、なにも言えません……。これも、正論と現実的な正解のあいだの溝ってやつですね。だからこそ、**取り組みやすい「自分」のことから考えてきました。**

はい。**「自分のため」と思えるからこそ、本気になれる**んです。

ですが、親の人生は親のものですよね？　逆の立場を想像したらわかると思いますが、たとえ家族であっても、自分のことを勝手に決められるのは嫌なはず。どこかで必ず、親を中心にして考える必要があるんです。

やっぱり、そこは避けられないんですか……。わたしにもできる「現実的な」話し合い方について教えてください。

わかりました。現実的な方法ですね。それではまず、**なんでもいいのでエンディングノートを1冊手に入れて、パラパラながめてみてください。**書店や文房具店などで買えますし、無料で配布している市区町村もあります。ネットで無料公開されているものもありますね。

話し合い方を知りたいのですが……。まずはノートからですか？

はい。なんでエンディングノートなのかというと、Kさんのように**介護未経験の人は、そもそも親となにを話したらいいか、わかっていないから**です。

あっ、なるほど……。たしかに、親と話し合えって言われても、いったいなにから聞けばいいのかわかりません。

そうですよね。**エンディングノートには、親に聞いておいたほうがいい項目が漏れなく書いてあります。**

たとえば、どんなことですか？

親の銀行口座、親族や友人関係、介護の方針、延命治療、お墓、葬儀のやり方など本当にいろいろです。その項目をながめると、親となにを話せばいいかがわかります。エンディングノートに法的な拘束力はありませんが、どれも親の老後や介護に必要な大切な情報ですし、子どもが知っておくべきことばかりです。

わかりました。まずはエンディングノートを手に入れてみますね。

親の意思は最強のカード

数日後

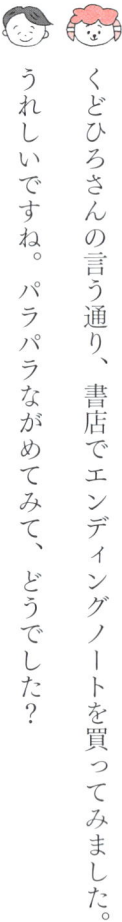

くどひろさんの言う通り、書店でエンディングノートを買ってみました。

うれしいですね。パラパラながめてみて、どうでした？

不動産や生命保険、株式など、たしかに親に聞いておかないと、のちのち面倒になりそうな項目があって勉強になりました。ほかに「病名・余命の告知をしてほしいか」「棺(ひつぎ)になにを入れてほしいか」なんて項目もあってドキッとしましたね……。

ながめるだけでも発見がありますよね。**どの項目も、いずれ確認したり、判断したりするタイミングが必ずやってきます。**

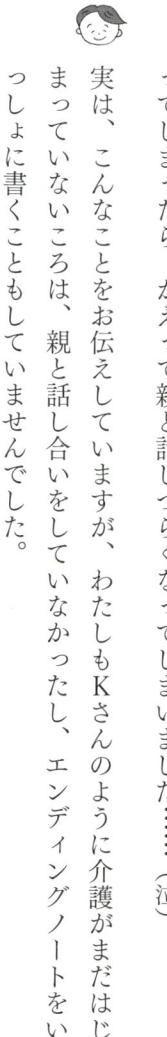

でも、くどひろさん。このエンディングノートに書いてあるようなことを親に聞いたら、終活をせまっている感じになりませんか？　親に聞くべき具体的な内容を知ってしまったら、かえって親と話しづらくなってしまいました……（泣）。

実は、こんなことをお伝えしていますが、わたしもKさんのように介護がまだはじまっていないころは、親と話し合いをしていなかったし、エンディングノートをいっしょに書くこともしていませんでした。

ほら！　やっぱり難しいんじゃないですか！

Kさん、今日は圧が強めですね（笑）。でも、それが12年以上の介護人生で最大の後悔になっているので、こうやってKさんに強く強くおすすめしているんです。

介護人生で最大の後悔……ですか？

はい。**わたしの最大の後悔は、祖母が元気なうちに意思を確認できなかったこと**なんです。祖母が子宮頸がんで倒れて、同時に母の認知症が見つかって、２人の介護をわたしがやることになったと前にお話ししましたが、祖母の代わりに、わたしが医師から余命宣告を受けたんです。「あと半年、長くても1年です」って。そのとき、すでに重度の認知症でもあった祖母とは意思疎通が難しかったので……。

そうだったんですね……。

そして、さらに孫のわたしが中心になって、祖母の命にかかわる代理判断をしていきました。「手術中に異変が起こったら心臓マッサージをしますか？　89歳なので肋骨(ろっこつ)が折れるリスクがありますが、それでもやりますか？」なんて言われて。しかも、その代理判断は介護がはじまって2カ月目のことだったので、知識も心の準備も不十分な状態での判断になってしまったという大きな後悔があるんです。その半年後には、「延命治療はしますか？」と医師から判断をせまられて……。

それは荷が重すぎます……。

そのとき、祖母ともっと話しておけばよかったと心の底から思いました。祖母が亡くなって11年以上が経ちますが、今でも「延命治療をしてほしかったのかな？」「余命を知りたかったのかな？」と考えます。

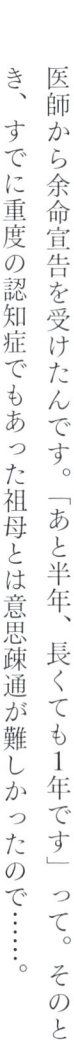

それは、くどひろさんもつらいですね……。

はい。わたしは、こんなふうに気持ちを引きずってしまうタイプなので、今やっている母の介護では絶対に後悔したくないと思って、エンディングノートをいっしょに書いて、年1回のペースで更新しています。

おばあさんのときの後悔があったからこそなんですね。**遺（のこ）される家族としては、事前に本人の意思を聞いておかないと、もしものときに、とんでもない心理的な負担を背負うことになる可能性がある**わけか……。

そうなんです。**親の意思をちゃんと聞くことは、結局、自分のため**なんです。

親の意思でさえも自分のためなんですね。

はい。祖母のときの後悔があったので、父が悪性リンパ腫（しゅ）という血液のがんで余命1カ月と言われたときは、心を鬼にして、どんどん質問しました。食事がとれず目もうつろで病院のベッドに横になっている弱った父に向かって、「延命治療はどうする?」「葬式にはだれを呼ぶ?」「お墓はどうする?」と、残された時間がわずかだったので矢継ぎ早に聞いたんです。

それは、すごい話だ……。

妹にこの話をしたら、さすがにひいていましたね。それだけ祖母の命の代理判断は重かったんです。もうあんな思いはしたくないと……。

最期、お父さんに、そこまで聞けたら、後悔はなかったですか？

そうですね。全部ではありませんが、できる限り父の望むようにできたので、後悔はありませんでした。

よかった……。

でも、このときも「もっと元気なうちから話しておけば、最期に鬼にならずにすんだのに……」と思いました。よく**「元気な親と人生の最期について話し合うなんて縁起でもない」なんて言われますが、今にも死にそうな人に聞くほうがよっぽど縁起でもない**ですよね。だからこそ、Kさんには、ぜひ親が元気なうちに話す機会を持ってほしいんです。

そんな後悔を2回も経験したのは大きいですね。くどひろさんの思い、たしかに受けとりました。

あと、「自分のため」という観点からつけくわえると、**親の意思はトラブルが起こったときの「最強のカード」になる**んです。

最強のカード？

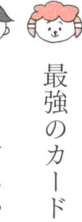

きょうだいや親族と介護の方針でもめて、「親を施設に預けるなんてありえない」なんて言われたときに、「これは親の意思で、本人が望んだこと」と言えば、そこで争わずにすむんです。相手は、それ以上なにも言えませんからね。

本人の意思って、それほど強いものなんですね。

はい。ただでさえ親のことで大変なときに、きょうだいや親族ともめると、本当に疲弊してしまいます。**早めに親の意思という最強のカードを手に入れておくと、未来の自分を助けることになる**んです。

親が話を受け入れやすい3つのタイミング

くどひろさんの壮絶な体験を聞いて危機感を持ちました。ですが、いきなり親子で介護とか命について話すのは、やっぱりハードルが高いです。なにかいいきっかけはないでしょうか……（泣）。

話しやすいタイミングを探ってみましょうか。あらたまって話すとなると親も構えますからね。**親のほうにも話を受け入れやすいタイミングがあって、わたしはそのタイミングは3つある**と思っています。そのタイミングがきたら、心のなかで「きたぞ！」と思って、エンディングノートで学んだ内容をさりげなく聞いてみてください。なにもない状況でいきなり聞くよりも格段に話しやすくなるはずです。

そんなタイミングありますか？

ありますよ。**1つ目は、親族や知り合いが倒れたり、亡くなったりしたタイミング**です。身近な人になにかあると、親は「次は自分かもしれない……」と不安になって自分事として考えます。言い方はよくないかもしれませんが、その不安を着火剤にすれば親子で話すチャンスが生まれるんです。

なるほど。たしかに、子どもとしても「そういえば、おばさんが亡くなったんだってね。最後は施設に入っていたみたいだけど……」みたいな感じで、無理なく話に入っていけそうなイメージが持てます。

ですよね。**2つ目は、台風や地震などの自然災害が起きたり、新型コロナウイルスのような感染症が流行したりしたタイミング**です。東日本大震災が起きたあと、多くの人が自分の生き方や働き方について考えなおしたじゃないですか？

そうでしたね。自分の命にもかかわる話だから、親子で無理なく話せるかもしれません。最近は、台風や夏の豪雨など命の危険を感じる災害が結構起こるので、その流れで話してみるのもいいかも。

たしかに、豪雨のときなどもいいですね。３つ目は最後の砦（とりで）です。

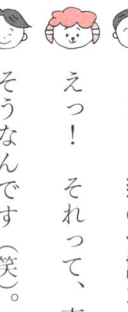

とっておきのタイミングがあるんですか!?

ずばり、**親の介護がはじまってすぐのタイミング**です！

えっ！　それって、事前の話し合いになっていないんじゃ……!?

そうなんです（笑）。親が倒れて介護が必要になったとき、すでに意思疎通が難しくなっている可能性もあるので、本当は1つ目、2つ目のタイミング、つまりなにかが起こる前に話し合えているのがベストです。でも、話すチャンスをずるずる先送りにしていたら、もうこのタイミングしかありません。

おたがい、お尻に火がついている状態ですもんね。

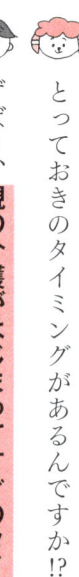

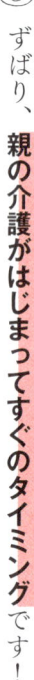

はい。元気だった親はショックを受けているし、不安でいっぱいなはず。それは子ども同じです。**どちらも自分事になっているので、真剣に話し合えます。**

最後は、超現実的なタイミングでしたね。エンディングノートをながめつつ、タイミングを見計らって、なにかが起こる前に親に話を振ってみようと思います。

親との話し合いは1回では終わらない

ちなみに、Ｋさんにとっては残念なお知らせかもしれませんが、親との話し合いは1回では終わりません。

えっ！　そんな……。

でも、安心してください。なにごとも、最初のハードルがいちばん高いんです。**1回ちゃんと話し合えれば、２回目以降は割とスムーズに話ができます。**

でも、なんで1回の話し合いで終わらないんですか？

それは、**親の意思も子どもの気持ちも、そのときそのときで、どんどん変わっていくから**です。たとえば、親が事前に「もしものときは施設に入ってもいい。」そのお金は準備している」と言っていたとしても、いざそのときがやってくると「やっぱり施設は嫌だ」となるケースがあります。

ありそうですね……。

子ども側の気持ちが変わることも結構あるんです。たとえば、親から事前に「延命治療はしなくていい」と言われていたけど、死が近い親の弱った姿を見て「やっぱり延命治療をしてほしい」となるケースもあります。なので、**親の意思も自分の気持ちも、できれば継続して確認するようにしたほうがいい**んです。

だから、くどひろさんは、エンディングノートを1回で終わりにせず、お母さんと年1回いっしょに更新しているんですね。

そうですね。それもありますし、**母は認知症なので、命の最期よりも本人の意思を確認できなくなる日のほうが早くやってくるから**です。最近は、認知症の症状がかなり進行しているので、母の意思をくみとれないことが増えてきています。

お母さんの意思がわからない場合、どうするんですか？

これまでに聞いた母の意思通りにやっていきます。母は「自宅で生活したい」と言っていたので、できる限りその願いを叶えたいと思っています。ですが、「あんたがわたしの介護で倒れそうになったら、施設に入ってもいいわよ」とも言われているので、本当に厳しいときがきたら介護施設のカードを切るつもりでいます。

確認できるなかでの最新の気持ちを活かすわけですね。あっ、そういえば、今ふと思い出したんですが、うちの親と、生き方、死に方について一度だけ話したことがありました。なにかの本を読んだのか、母が「ピンピンコロリで死ねたら、子どもにも迷惑をかけなくてすむ」なんて言っていましたね。

病気で苦しまずに元気に長生きしてコロリと死ぬことですね。そういう最期を望んでいる人は多いですが、わたしはまったく魅力を感じないんです。

えっ！　わたし、そのとき内心「本当にそうなったら、親の介護をしなくてすむからラッキー」と思った記憶があります……。

親がピンピンコロリで亡くなったとしたら、わたしなら「もっと親孝行しておけばよかった」「もっといろいろ話せばよかった」と後悔すると思います。それに、これまでお話ししてきたように、**老いた親への不安を着火剤にして、自分の仕事や人生を本気で考えるチャンスまで失うことにもなります。**わたしは、ピンピンコロリではなく、**バンゼンコロリ**がいいですね。

な、なんですか、それは!?

親が元気なうちにたくさん話して、自分が後悔しないように親孝行の時間もつくって、準備をバンゼン（万全）にしてからコロリがいいです。そんなふうに介護を自分のためにやっていけば、それは結果として親孝行にもなりますから！

バンゼンコロリ、くどひろさんらしい！

親を見捨てることはできるのか？

くどひろさん、最後に1つだけ聞きにくい質問をしてもいいですか？

どうぞ、どうぞ遠慮なく。

その……、親を見捨てるってありですか？　世の中には、どうしても親の面倒をみたくない人もいると思うんです。たとえば、親から暴力を受けたとか、いわゆる毒親だったとか……。

Kさんが本気になった証拠ですね。ちなみに、その考えって、なにかを見て思いつきましたか？

えーっと……。どうだったかな。くどひろさんと出会って、老いた親についての情報のアンテナが立ちはじめているので、どこかで見たのかもしれませんね。

うれしいですね。実はKさんのその質問、ネット記事の見出しによく出てくるフレーズなんです。だから、わたしはあまり驚きません。

衝撃的な質問をしたつもりだったのに……。

勇気を出して聞いてくださって、ありがとうございます。日ごろから「子どもは親の面倒をみるもの」と思っている人は、「親の介護をしなくていい」「親を見捨てるのもあり」といった見出しを見ると、正直ホッとしますよね。

「逃げ道を見つけられた」って思う人もいるはずです。

でも、そういう記事をちゃんと読むと、「子は親を扶養する義務がある」「親の介護を放棄すると保護責任者遺棄罪になる」なんて書いてあります。すべてのケースで罪になるわけではないんですけどね。情報戦の話のところで「基本は途中で降りられない」とお伝えしたのは、これが理由です。

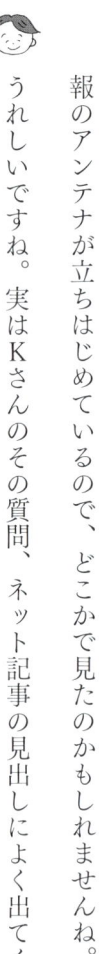

なるほど……。ということは、わたしが見たかもしれない記事は、アクセス数をか

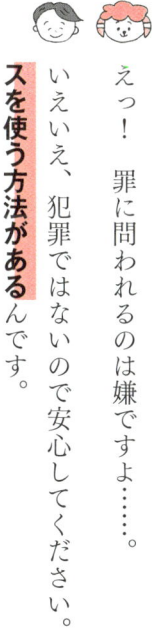

せぐための、いわゆる「釣り見出し」だったってことですか……？

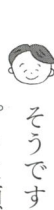

そうですね。だから、最後まで読むと、本当に親を見捨てるのではなくて「介護のプロに頼ったり、施設に預けたりしてください」「地域包括支援センターに相談してください」という結論になっているはずです。

見出しの勢いと全然違いますね……。

でも、「実質的に」親を見捨てることはできますよ。

えっ！　罪に問われるのは嫌ですよ……。

いいえ、犯罪ではないので安心してください。**お金はかかりますが、代行サービスを使う方法がある**んです。

なにを代行してくれるんですか？

本当に、なんでもしてくれますよ。入院、介護、行政の手続きから、亡くなったあとの葬儀、遺品整理まで。それなりにお金はかかりますが、親と直接連絡をとる必要がないので、心理的にはかなりラクなはずです。

でも、親のためにお金を使うことすら嫌な人もいるでしょうね……。

そうですね。毒親との関係で悩んでいる方から相談を受けたこともありますが、親の最期にどうかかわるかは、人それぞれです。「一切かかわりたくない」と考える人もいれば、「いろいろあったけど最期くらいは」という人もいます。実は、わたし自身、父が亡くなる4年前から一切連絡をとっていなかったんです。

えっ！　なにかあったんですか？

きっかけは、祖母の葬儀の喪主を務めたわたしに対して、父が口をはさんできたからです。父は30年も前に実家を出ていて、祖母が亡くなったことも一切連絡していなかったのに、葬儀の場に突然あらわれて、かき乱したんです。

まるでドラマですね……。

本当にびっくりしたし、まいりましたね。でも、かつては子煩悩（こぼんのう）で、わたしは育ててもらった恩を感じていました。だから、父が悪性リンパ腫で倒れたときは、悩みましたが病院にかけつけました。

毒親とまではいかなくても、くどひろさんみたいに、親とかかわりたくないと考える人もいるでしょうね……。そういう微妙な関係にある親との話し合いって、かなり難しいですよね。

本当に、そうですね。その場合、**自分が後悔しそうかどうかで判断するのがいい**と思います。わたしは後悔すると思ったので父のところへかけつけましたが、後悔しないと思えば、さっきの代行サービスを使ってもいいと思います。

やっぱり、自分のためなんですね。

介護は親のためならず

くどひろさんのおかげで、老いた親について自分事として考えられました。

よかったです。そんなKさんに、最後の質問です。「情けは人のためならず」って言葉を知っていますか？

もちろんです。よく「情けをかけると、その人のためにならない」と間違えて解釈されますよね。本当は「人に情けをかけると、その人のためになるだけでなく、めぐりめぐって自分にも返ってくる」みたいな意味だったはずです。

よくご存じで。わたしの故郷、岩手県盛岡市出身の偉人、旧5000円札でおなじみの新渡戸（にとべ）稲造（いなぞう）先生の言葉といわれています。最後にこの言葉を借りて、Kさんに

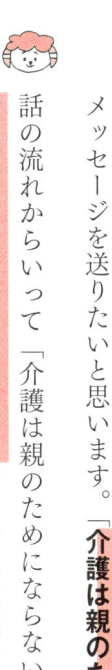

メッセージを送りたいと思います。「**介護は親のためならず**」。

話の流れからいって「介護は親のためにならない」ではなくて、「**親の介護は、めぐりめぐって自分に返ってくる**」という意味ですね。

その通りです。「自分に返ってくるから、チャンスと思って、逃げずに向き合ってほしい」という思いをこめました。

くどひろさん、急に偉人ぶっていませんか（笑）？

新渡戸先生に怒られそうですね（笑）。でも、わたしがKさんにこれまでお話ししてきたことって、まさにこういうことでしたよね。

そうですね。「親の介護は自分のため」。終始一貫していました。

介護についてなにも知らないKさんのピュアで鋭いツッコミのおかげで、自分の考えていることをあらためて言語化できました。ありがとうございました。

こちらこそ、本当にありがとうございました。

後悔しないための

老いた親の基礎知識⑨

親の意思を聞くことは結局、自分のためになる

おわりに

「介護は親のためではなく、自分のためにやる」

2018年4月、静岡県裾野市（すその し）で行われた認知症介護の講演会で、はじめてこの話をしました。

講演会は時間に制限があるため、この部分の説明は、ほんのわずか。

「もし親の介護から逃げたら、自分は一生後悔するだろうから、親のためではなく自分のために介護をやっています」

このひと言だけで、スライドも1枚しか用意していません。

ですが、参加者の方から「そんなふうに考えたことはなかった」「もっと自分をいたわって自分のために介護を続けていきたいと思った」「この考え方を多くの人に広めてほしい」といった声を直接いただきました。

2012年に母の介護がはじまってからずっと、その思いは変わっていないのですが、だれかに伝えるほどのことではないと思っていました。

しかし、講演会のたびに大きな反響をいただくようになり、わたし自身、この言葉の持つ力に驚いています。


さて、最後に、この本を書くことになった背景をお話ししたいと思います。

きっかけは、PHP研究所のビジネス誌『THE21』の取材でした。これまでテレビやラジオ、新聞、週刊誌など数多くのメディアの取材を受けてきましたが、ビジネス誌の取材は、そのときがはじめてでした。

「今度、『50代で必ず整理しておくべきこと』という特集をやるので、そこで、まだ介護ははじまっていないけど、老いた親に不安を感じている人に向けて、工藤さんの経験を話してほしいんです」

わたしはそれまで、介護をしている人に向けてお話しすることがほとんどだったので、介護がはじまる「前」の人をイメージしながらの取材は、とても新鮮でした。そして、完成したわたしの記事には、「親が元気なうちにやっておきたい5つの準備」というタイトルがつけられていたのです。

同じ号には、俳優さんや著名な経済アナリスト、大学教授の方などの記事が掲載されていました。自分の記事が掲載されたのはうれしかったのですが、錚々たる方々と並んで「わたしの記事は埋もれてしまった」と思いました。

しかし、しばらくしてから、わたしの記事を担当してくださった編集者の方から1通のメールが届きました。

「工藤さんの記事が、読者アンケートで1位をとりました！」

「なにかの間違いでは？」と思いましたが、どうやら事実とのこと。この驚きの結果は、老いた親に不安を抱えながら働いているビジネスパーソンがいかに多いかということの証明だと思います。

そして、そのあとに「そんな人に向けて本を書いてみませんか？」と提案をいただいて、この本の企画がスタートしたのです。

雑誌の記事を担当し、また書籍について提案してくださったのが、この本のもう1人の登場人物で、本当に介護未経験のKさんでした（この本のなかでは、「ひつじ」のキャラクターとして登場）。そのKさんと実際に何度も会話をしながら本を書いていったのです。

これまでの人生で酸いも甘いも噛みわけてきた40～60代の人が、なぜか老いた親のことになると、考えることを放棄したり、狼狽(ろうばい)して目を背(そむ)けたり、急に逃げようとしたりする。そんな姿をたくさん見てきました。

この本がそんな人に届いて、「親の介護は自分のため」「親の老いと自分の未来を重ねる時間を持つことで、これからの自分の人生がより充実したものになる」という前向きな気持ちになってくれたとしたら、とてもうれしいです。

わたしの介護の日常は、介護ブログ「40歳からの遠距離介護」や音声配信Voicy「ちょっと気になる？介護のラジオ」で発信しています。

そこには、たくさんの介護仲間がいますし、孤独な介護から抜け出せる手助けになるはずです。よかったら、のぞいてみてください。

わたしは、これからもみなさんといっしょに「自分のための介護」「負けない介護」を続けていきます。

それでは最後は、いつもわたしが口ぐせのように言っている「締めの言葉」で終わりたいと思います。「日々、なにごともなかったかのように、平常心で介護をしていきたい」という思いで、10年以上、言い続けてきた言葉です。

今日もしれっと、しれっと。

２０２５年１月

工藤広伸

装丁　小口翔平＋畑中 茜（tobufune）
装画・本文イラスト　matsu（マツモトナオコ）

〈著者略歴〉
工藤広伸（くどう ひろのぶ）
介護作家・ブロガー
1972年、岩手県盛岡市生まれ。2012年、40歳のときに認知症の祖母と母のダブル遠距離介護がはじまり、介護離職。その後、介護ブログを立ち上げ独立。新聞やWebメディアなどでの執筆活動を中心に、大手企業や全国の自治体で講演活動をしながら、現在も介護と仕事の両立を続けている。途中、悪性リンパ腫の父も介護し、看取る。独自の介護の工夫やノウハウが、NHK「ニュース7」「おはよう日本」「あさイチ」など、多数のメディアで紹介される。『親が認知症⁉ 離れて暮らす親の介護・見守り・お金のこと』（翔泳社）など著書多数。

●ブログ「40歳からの遠距離介護」
https://40kaigo.net/
●音声配信 Voicy「ちょっと気になる？ 介護のラジオ」
https://voicy.jp/channel/1442

老いた親の様子に「アレ？」と思ったら

2025年2月6日 第1版第1刷発行

著者 工藤広伸
発行者 永田貴之
発行所 株式会社PHP研究所
東京本部 〒135-8137 江東区豊洲5-6-52
ビジネス・教養出版部 ☎03-3520-9615（編集）
普及部 ☎03-3520-9630（販売）
京都本部 〒601-8411 京都市南区西九条北ノ内町11
PHP INTERFACE https://www.php.co.jp/

組版 株式会社PHPエディターズ・グループ
印刷所 大日本印刷株式会社
製本所 大日本印刷株式会社

 ISBN978-4-569-85848-7